LE
P. JOSEPH LABBE S. J.

Missionnaire en Chine

1677 — 1745

PAR

F. LABBE DE CHAMPGRAND, Prêtre de St-S.

Membre du Comité d'Histoire et d'Archéologie du diocèse de Bourges

BOURGES
Imprimerie MARGUERITH-DUPRÉ, rue des Vieilles-Prisons, 8
1880

LE

P. JOSEPH LABBE S. J.

Missionnaire en Chine

1677 — 1745

PAR

F. LABBE DE CHAMPGRAND, Prêtre de S^t-S.

Membre du Comité d'Histoire et d'Archéologie du diocèse
de Bourges

BOURGES
Imprimerie Marguerith-Dupré, rue des Vieilles-Prisons, 8.
1880

Imprimatur,
Biturigibus, die 1ª Martii. MDCCCLXXX.

DAVID
Vicarius capituli, sede vacante.

A LA MÉMOIRE

DE

Mgr DE LA TOUR D'AUVERGNE LAURAGUAIS,

ARCHEVÊQUE DE BOURGES,

FONDATEUR DU COMITÉ DIOCÉSAIN

D'HISTOIRE ET D'ARCHÉOLOGIE.

*A **MM**. du Comité d'Histoire et d'Archéologie
du diocèse de Bourges*

Messieurs,

St-Jérôme, dans le prologue placé en tête de sa traduction des livres saints, dit avec une modestie qui rehausse le mérite de son œuvre :

« Chacun offre ce qu'il peut, pour contribuer à la construction et à l'ornement du tabernacle, les uns apportent de l'or, de l'argent, des pierres précieuses ; les autres de riches étoffes de pourpre et d'hyacinthe ; pour moi je me contente d'offrir les humbles peaux de chèvres destinées à le protéger contre l'ardeur du soleil et l'injure des pluies. » (1)

Qu'il me soit permis de m'excuser auprès de vous, à l'exemple du St-Docteur, mais avec beaucoup plus de raison que lui, de la modicité de mon offrande.

L'histoire générale d'un pays ou d'une église, est un vaste édifice qu'une main habile seule peut élever, mais à la construction duquel chacun peut, et même doit contribuer selon la mesure de ses forces, ne fût-ce qu'en apportant aux pieds du maître de l'œuvre une petite pierre ou quelques grains de sable.

C'est toute ma prétention ; en publiant une notice, malheureusement très-incomplète, sur le P. Joseph Labbe, je suis le conseil de S. Jérôme : *offert unusquisque quod potest.* J'offre ce que je

---

(1) « In Templo Dei offert unusquisque quod potest: alii aurum, argentum et lapides pretiosos; alii byssum et purpuram et coccum offerunt et hyacinthum; nobiscum bene agitur si obtulerimus pelles et caprarum pilos..... ardorem solis et injuriam imbrium, ea quæ viliora sunt prohibent, » (Hieron. in Prolog. galeat.)

puis pour contribuer à l'histoire de l'Eglise de Bourges, dont vous recueillez les éléments.

Quoique le vertueux personnage dont je vais parler, ait, de bonne heure, quitté sa patrie, pour aller porter dans les régions infidèles la connaissance de Jésus-Christ, il n'a pas cessé d'être à nous. Bourges l'a vu naître, il a droit de l'inscrire dans les fastes de son histoire religieuse.

Mais, jusqu'ici, qui connaissait l'existence de cet apôtre de la foi? Autant son grand oncle, le P. Philippe Labbe, est demeuré célèbre par son érudition, autant le missionnaire, neveu de l'érudit, a laissé peu de souvenirs parmi ses concitoyens, et, le dirai-je? parmi ses confrères eux-mêmes.

Les RR. Pères Augustin et Aloïs de Backer, dans leur *Bibliothèque des écrivains de la Compagnie de Jésus*, (1re édit., to. 6.), n'ont donné sur lui que des renseignements d'une extrême brièveté, et encore, peu exacts.

« ... — Labbe, disent-ils — Jésuite français du XVIIIe siècle, missionnaire au Chili. »

Voilà toute la notice, suivie de l'indication bibliographique suivante : « Lettre du P. Labbe, missionnaire de la Compagnie de Jésus, au P. Labbe, de la même Compagnie. Relation du voyage de Port-Louis jusqu'au Chili, ce 8 janvier 1712. Dans les lettres édifiantes et curieuses. Paris 1843, to. 2, p. 91-95. »

On voit que, non-seulement, les estimables auteurs ignoraient le nom de baptême du P. Labbe, la date et le lieu de sa naissance, l'époque de sa mort, etc., mais, qu'ils faisaient de lui un missionnaire au Chili, parce que la lettre insérée dans le recueil des *Lettres édifiantes* est datée de la Conception, où le navire qui le portait avait fait halte. Cependant, la lettre même atteste que le Chili n'était pas le but du voyage, car le P. Labbe y dit, en terminant : « Voilà déjà bien du temps que nous sommes sortis de France et nous ne pouvons espérer d'arriver à la Chine avant un an, il semble que cette terre chérie fuit devant nous. »

Nous savons qu'il était difficile, pour ne pas dire impossible, de ne commettre aucune erreur dans un travail aussi long et aussi compliqué que celui de l'histoire littéraire d'une société féconde en écrivains de tout genre ; c'est pourquoi nous sommes bien loin de vouloir critiquer l'ouvrage des frères de Backer qui, malgré d'inévitables imperfections, mérite les plus grands éloges, nous voulons seulement faire remarquer qu'on ne connaissait pas suffisamment jusqu'ici, le P. Joseph Labbe, puisqu'il avait, en quelque sorte, échappé aux recherches de ses érudits confrères. (1)

(1) Il n'a été fait aucun changement à l'article sur le P. Joseph Labbe dans la 2e édition de la *Bibliothèque des Ecrivains de la Compagnie de Jésus*, bien qu'elle ait été soigneusement corrigée et considérablement augmentée.

Voici ce que nous écrivait à ce sujet en 1874, le R. P. Sommervogel, collaborateur des PP. de Backer :

« La première édition de notre *Bibliothèque*, malgré ses lacunes et ses *errata*, était déjà un ouvrage d'une véritable importance et d'un mérite réel. La seconde qui sera terminée dans un an, je l'espère, aura, sur son aînée, de grands avantages. Nous n'avons rien épargné pour lui donner plus d'exactitude, pour la compléter et l'améliorer. Uniquement pour vous faire comprendre ce que les PP. de Backer et moi y avons apporté de soins, je vous dirai que pour ma seule part, j'y suis pour PLUS DE CENT VINGT MILLE ADDITIONS, CORRECTIONS, RECTIFICATIONS, etc., et cependant, la perfection absolue

x

Nous n'aurons pas, nous-même, la satisfaction de pouvoir contenter pleinement la pieuse curiosité des lecteurs, et nous devons avouer que la partie la plus intéressante de la vie du missionnaire est restée comme voilée sous un nuage que nous n'avons pas pu dissiper.

Plusieurs lettres autographes du P. Joseph, quelques notes émanées, soit de son frère Philippe, soit du Père Procureur des missions de la Chine ; les endroits, trop rares à notre gré, où les confrères qui partageaient ses travaux, parlent de lui, la plupart du temps d'une manière fort brève, dans leur correspondance imprimée ; ce sont à peu près les seuls documents qu'il nous ait été possible de recueillir. En les coordonnant, nous avons pu tracer le cadre d'une biographie, mais c'est tout ce qu'il nous a été donné de faire.

_{d'un semblable travail étant impossible, il y reste encore bien des améliorations à souhaiter... Quant au P. Joseph Labbe, il est dans la 2e édition tel qu'il était dans la 1re, aussi je vous remercie bien vivement des corrections que vous m'avez envoyées, je les ai consignées dans mon exemplaire, etc. »}

Telle qu'elle est, cependant, cette notice, que nous regrettons de ne pouvoir donner plus ample et plus riche en détails, fournira la série des dates principales de la vie du zélé missionnaire dont nous avons voulu faire revivre la mémoire, et offrira des témoignages irrécusables de sa grande piété et de son infatigable dévouement à l'œuvre des missions.

LE P. JOSEPH LABBE

La famille Labbe a donné plusieurs de ses membres à la Compagnie de Jésus. Celui dont nous traçons la biographie était petit fils de Henry, Seigneur de Champgrand, Conseiller au Présidial de Bourges, Président en la souveraineté de Boisbelle et Henrichemont, Maire dans les années 1664 et 1665, et frère du P. Philippe Labbe, Jésuite, qui s'est rendu célèbre par sa grande érudition. Son père nommé Philippe Nicolas, avait épousé, en 1672, (1) Catherine Guénois, fille de Philippe Guénois, Seigneur de Prunay

(1) L'acte est du 23 août, sur les registres de l'ancienne paroisse de St-Outrillet, conservés à la mairie de Bourges, Bureau de l'état civil.

Lieutenant particulier, et de Catherine Charlemagne.

Il eut de ce mariage, trois enfants nommés : Henry, Philippe et Joseph. Ceux-ci n'avaient pas encore atteint l'âge de majorité quand ils perdirent leur père ; quoique Catherine Guénois survécût à son mari, elle n'eût pas la tutelle de ses enfants, et cette fonction fut confiée à Jean-Jacques Labbe Prieur de Crécy, leur oncle paternel. (1)

Henry, l'ainé des trois, était né le 30 septembre 1673, et son acte de baptême, inscrit sur les registres de la paroisse de St-Pierre-le-Guillard, à la date du deux octobre 1673, mentionne qu'il avait été ondoyé à la maison. Il se destinait à l'état ecclésiastique, et déjà il avait reçu la tonsure, lorsque la mort le surprit à l'âge de 24 ans, le 16 novembre 1697. (2) Il fut inhumé dans l'église

---

(1) J.-J. Labbe figure en cette qualité, dans un acte de 1687, qui atteste, en même temps, la survivance de Catherine Guénois.

(2) Il est singulier que des papiers de famille ne lui donnent que 21 ans, et l'acte même de son décès, 22 ou environ, mais les actes de baptême et de sépulture ne permettent pas, par leurs dates précises, de lui en donner moins de 24. En voici le texte.

Acte de baptême extrait des régistres de St-Pierre-le-Guillard.

Le second jour d'octobre 1673, a été baptisé par moi curé soubsigné, Henri, (1) fils de Mre Philippe Nicolas Labbe escuyer seigneur de Changran (sic) et de damoiselle Catherine Guénois son épouse. A été son parain noble Mre Labbe Écuyer Conseiller

des Jacobins sépulture de ses ancêtres (1).

La perte de leur frère aîné fut pour les deux survivants une occasion de se lier, entre eux, d'une amitié plus tendre, et leur correspondance dont il nous est parvenu quelques fragments, en donne de touchantes preuves.

Philippe était né le 23 novembre 1674, et avait été baptisé dans l'église de Notre-Dame du Fourchault, il avait eu pour parrain M. Guénois son grand-père maternel, et pour marraine, Anne Labbe femme de Hugues Bengy, sa tante.

Il épousa le 18 juillet 1705 Jeanne Gaudar, fille d'Etienne Gaudar Seigneur de la Verdine,

du Roy au siége présidial de Bourges, sa maraine Madame Catherine Charlemagne femme de Philippe Guénois Écuier Receveur général des décimes du Berry.
(1) Qui avait été ondoié à la maison.

LABBE.
CHARLEMAGNE. DOHIN.

Acte de décès du même, extrait des registres de St-Outrillet.
Le seize novembre 1697, est décédé messire Henry Labe (sic) de Champgrand, clerc tonsuré, âgé de 22 ans ou environ. Il a été inhumé dans l'église des Jacobins, sépulture de leurs ancêtres, où nous l'avons conduit avec les cérémonies ordinaires. Fait au jour et an que dessus.
POMMIERS, curé.

(1) Dans l'appendice de l'ouvrage du P. Ant. Gévry intitulé : *Abrégé de l'histoire du convent des frères Prêcheurs de la ville de Bourges en Berry*, (Bourges Imp. Jollet H. Sire, succr 1877.) Nous trouvons l'indication de la sépulture de plusieurs membres de la famille Labbe. Nous en mentionnons seulement trois qui

Président trésorier général de France au bureau des finances de Bourges. Cette alliance, d'où naquirent plusieurs enfants, entre lesquels Philippe-Pierre Labbe qui a continué la postérité (1), ne fut pas de longue durée ; après huit ans de mariage, Jeanne Gaudar âgée seulement de trente-deux ans, fut enlevée à l'affection de sa famille le 1er octobre 1713.

Son mari lui survécut pendant près de trente-trois ans, et mourut dans un âge avancé, le 27 juillet 1746.

Joseph dont nous écrivons la biographie naquit le 30 août 1677, et ne fut baptisé que le 19 février 1680 dans la paroisse de la Chapelle. C'est ce que nous apprend une note écrite de la main de son frère, et c'est sur son témoignage, très digne de foi d'ailleurs, que nous l'avançons, car il ne nous a pas été possible de retrouver l'acte original du baptême. Pourquoi différa-t-on

appartenaient comme celui dont nous traçons la biographie, à la branche aînée, ou des Champgrand, la seule qui se soit perpétuée jusqu'à nos jours, ce sont : Henri Labbe seigneur de Champgrand (p. 237.) Philippe Labbe époux de Vincente Sarrazin, (p. 234-236.) et Jean-Jacques Labbe, Prieur de Crécy, (p 327.)

(1) Philippe Pierre Labbe Seigneur de Champgrand épousa en 1745, (l'année même de la mort du P. Joseph) Marie-Magdelaine Agard de Morogues, dont il eut, en 1754, Etienne Labbe de Champgrand, père de l'auteur du présent écrit.

plus de deux ans à administrer à Joseph Labbe
un sacrement si nécessaire? Nous l'ignorons, mais
les exemples de ces délais n'étaient pas très-rares
à cette époque, comme permettent de le constater
les registres des anciennes paroisses de Bourges
qui se conservent dans les archives de l'état-civil,
et ceux des paroisses de l'arrondissement déposés
au greffe du tribunal. Nous ne savons pas, non
plus, pourquoi le baptême eut lieu à la Chapelle
plutôt qu'à Bourges.

Quoique nous n'ayons aucun document écrit
concernant les premières années de Joseph Labbe,
nous croyons pouvoir supposer, comme une chose
certaine, qu'il fit ses études à Bourges, au collège
Sainte-Marie tenu par les RR. PP. Jésuites. Cet
établissement jouissait alors d'une grande réputation, et les meilleures familles du pays y
plaçaient leurs enfants. Le savant P. Philippe
Labbe, grand oncle de Joseph, après avoir fait ses
études, dans cette célèbre école dont il fut une
des gloires, y avait enseigné les belles-lettres
avec distinction. Le petit neveu ne pouvait manquer d'être bien reçu sous le patronage d'un si
beau nom.

Après ses études terminées, nous ne savons
pas à quoi il s'occupa jusqu'au 4 septembre 1701,

où il partit pour Paris dans l'intention d'entrer au Noviciat des jésuites.

Pour s'arracher aux douceurs de l'amitié et aux affections du pays natal, il précipita son départ de telle sorte, qu'ayant été indisposé à son arrivée à Paris, son frère crut pouvoir l'attribuer aux fatigues qu'ils s'était données en cette occasion. « J'en attribue la cause, lui écrivait-il, aux peines que tu te donnas le jour que tu partis, pour nous éviter le plaisir de te dire adieu et de t'embrasser. »

Il n'emporta, en partant, que 150 fr. et quelque peu de linge, en fort petite quantité (1).

Philippe avait été très-peiné du départ de son frère : « Adieu, mon cher frère (lui disait-il, en terminant la lettre dont nous avons déjà cité quelques mots), mon cœur ne te saurait plus rien dire. C'est une faiblesse à la vérité que je

---

(1) Une note écrite de la main de son frère nous donne le détail de ce mince trousseau, on nous pardonnera de la transcrire ici.

3 Chemises de nuit.
3 Paires de chaussons.
3 Cravattes de mousseline.
3 Paires de manchettes.
3 Mouchoirs.
2 Perruques.
1 Habit.

ne peux surmonter, il n'y a que recevoir souvent de tes nouvelles qui la puisse dissiper, puisque tu sais qu'il n'y a rien au monde qui me soit plus cher que toi. »

Joseph, en entrant au noviciat, n'avait pas étouffé les sentiments affectueux dont il était pénétré pour son frère ; aussi, lui écrivait-il de temps en temps, mais ses lettres étaient courtes, et il savait toujours y mêler quelques paroles d'édification. Le 2 janvier 1702, il lui souhaite une bonne année, et, après lui avoir parlé de ses affaires, il termine en disant : « Prions Dieu, l'un pour l'autre, et en ayant soin du temporel, ne négligeons pas le spirituel (1). »

La lettre du 17 novembre, même année, est trop édifiante, pour n'être pas transcrite ici :

Mon cher frère,

Je me fais toujours un sensible plaisir de recevoir de tes chères nouvelles, et rien au monde ne pourrait me tenir lieu d'une aussi grande consolation. Je te prie seulement de n'y pas mêler

---

(1) L'Eglise demande pour elle-même dans l'oraison de la fête de St-Dominique (4 août), *ut... temporalibus non destituatur auxiliis, et spiritualibus semper proficiat incrementis.*

tant de nouvelles d'établissements, de joies et de plaisirs qui n'ont pas pour moi, à présent, grâces à Dieu, le même agrément. J'apprendrai toujours avec beaucoup de plaisir tout ce qui regarde la famille et je m'y intéresserai devant le Seigneur autant que je pourrai ; mais du reste, je tâcherai à m'en passer et à en oublier tout ce que j'en pouvais savoir. Je suis avec toute la sincérité imaginable,

    Tout à toi,
  LABBE, nov. de la Compagnie de Jésus.

Dans une lettre du 11 juillet 1702 il recommande à son frère qui avait des difficultés de famille, (1) d'user de *patience et de douceur qui sont les deux grands moyens par lesquels on finit toutes les affaires, et principalement celles de cette nature. C'est la bienséance,* ajoutait-il, *c'est la raison, c'est Dieu qui le veut. Enfin,* concluait-il, *agis avec toute ta prudence.*

Le 7 octobre, (probablement de cette même année 1702), il témoigne, en ces termes, à son frère le bonheur qu'il goûte au noviciat.

(1) Il s'agit ici d'affaires d'intérêt entre Philippe Labbe et la famille Guénois.

Mon cher frère,

C'est avec un plaisir sensible que je te marque ici ma joie et ma satisfaction d'être au service de Dieu dans une maison où on le sert en esprit et en vérité, et où je vois à chaque moment s'applanir devant moi les voies de la pénitence que je croyais si rudes dans le monde. Que de tranquillité! que de repos d'esprit! et que l'on méprise sincèrement les maximes du siècle, après avoir goûté celles de Jésus-Christ. Oui, mon cher frère, si l'on veut goûter le plus doux et le plus sensible de tous les plaisirs, c'est de se bien mettre avec Dieu. Il n'y a que lui qui puisse remplir notre cœur, et nous ne sommes faits que pour lui. Il n'y a qu'à le vouloir pour le faire, et on le peut dans toutes sortes d'états.

Le 6 février 1703, il écrivait, toujours au même :

Mon cher frère,

J'ai appris par M. de Bengy de Puyvallée qui m'a fait l'honneur de venir me voir, que tu étais en parfaite santé, j'en ai eu une véritable joie, puisque c'est l'unique chose qui puisse m'être sensible..... j'espère avec l'assistance du ciel, consommer cette année ce que j'ai commencé, et par là, travailler plus solidement à l'affaire de mon salut : travaillons y, mon cher frère, et en passant par le temps, ne perdons point l'éternité. (1)

Dans sa lettre du 7 juillet 1705, il cesse de tutoyer son frère. A mesure que le moment de faire ses vœux approchait, son cœur se détachait de plus en plus des choses de la terre, et ses affections de famille, sans diminuer, s'épuraient.

Mon très cher frère (dit-il à Philippe Labbe) comme le temps approche qui doit m'amener le plus beau de mes jours, j'espère vous voir ici pour vous faire participant de ma joie. Le douzième septembre sera le jour désiré, ainsi vous ferez bien de partir sur la fin du mois d'août ... ma résolution est prise, et comme j'ai tout lieu de croire qu'elle vient de Dieu, je ne pense pas que la déroute et le renversement de tout l'univers m'en pût faire prendre une autre. Adieu, mon cher frère, je quitte le monde de bon cœur, non pas que j'ignore la douceur et l'agrément qu'on peut trouver dans cet état, ou, que je sois peu instruit des peines et des travaux auxquels m'engage la profession que je vais embrasser. Mais c'est qu'une plus grande crainte en fait

---

(1) Il fait sans doute, allusion à la prière de l'Eglise : *sic transeamus per bona temporalia ut non amittamus æterna.*
(Orat. Dom. III. post Pentecosten).

cesser une moindre, et que qui pense un peu sérieusement à une éternité, trouve la vie présente trop courte et ses travaux par conséquent de peu de durée ; fasse le ciel, mon cher frère, que cette pensée soit la règle de notre conduite.

Le 28 mai 1703, il dit à son frère qui avait alors à souffrir des difficultés de famille dont nous avons parlé plus haut : « J'espère que dans peu de temps, le calme reviendra entièrement ; la consécration que je ferai bientôt de moi-même par les vœux, lèvera tous les obstacles, parce que d'un côté Dieu sera content, et de l'autre la réunion dans votre personne, de tous les droits naturels et successifs, vous mettra en état d'agir par vous-même plus fortement. J'espère que vous viendrez en ce pays pour assister à mes vœux et pour recevoir des marques sensibles de l'unique et sincère amitié que j'ai pour vous. »

Le moment de ses vœux approchant, Joseph Labbe voulut, selon que le prescrivent les règles de la Compagnie de Jésus, disposer de ses biens par acte testamentaire. Son intention était d'instituer Philippe Labbe de Champgrand, son légataire universel ; mais comme la fortune patrimoniale des deux frères était, jusque-là, restée indivise entre eux, ils procédèrent préalablement, à un partage par acte sous-seing privé, fait double à Paris, le 5 septembre 1705 (1) et remis le 10 du même mois entre les mains des notaires Legrand et Marchand. Dans cette pièce, après inventaire fait des biens à eux délaissés par Philippe-Nicolas, leur père, et de ceux qui devaient leur revenir après le décès de Jean-Jacques Labbe, Prieur de Crécy, leur oncle et tuteur (2), lesquels biens consistaient tant en fonds de terre qu'en rentes, le tout montant à la somme de 50,286 liv. 5 sols, les co-partageants disent en avoir fait deux lots, puis, que les ayant écrits sur deux bulletins, ils les mirent dans un chapeau et firent entrer le premier pauvre passant pour les tirer. Le résultat de ce tirage fut que le second lot contenant *la terre et Seigneurie de Champgrand* (3) estimée la somme de 12,500 fr., et la Seigneurie de Pignon estimée 2,000 fr., plus des rentes, échut à Philippe, et le premier lot, tout en redevances, à Joseph.

(1) Philippe demeurait à La Salamandre, rue de l'Hirondelle ; et Joseph au Noviciat des Jésuites, rue du Pot-de-Fer.
(2) J.-J. Labbe, Prieur de Crécy ne mourut qu'en 1721.
(3) Cette terre avait été achetée en 1595, par l'aïeul du P. Philippe Labbe. Elle est située dans la paroisse de Quantilly, canton de Menetou-Salon.

Quand les deux frères eurent fait leur partage, Joseph, désormais propriétaire de la part que le sort lui avait attribuée dans l'héritage, en fit à Dieu le sacrifice et s'en dépouilla par l'acte suivant :

Au nom du Père, du Fils et du Saint-Esprit,

Dieu m'ayant fait la grâce de m'appeler à la Compagnie de Jésus, et me disposant à m'y engager par les vœux de Religion : Voulant avant mes vœux disposer de mon bien, et le pouvant par mon aage de majeur, et suivant la coutume ; je donne et legue à Philippes Labbe de Champgrand mon frère (1) tout mon bien et le fais mon seul et universel héritier à la charge de me payer une pension de deux cent livres, ma vie durant (2).

Cecy est ma dernière volonté que je veux et entend estre exécutée, révoquant tous autres testamens, codicilles et dispositions que je pourois avoir cydevant faites.

Fait à Paris ce unzième septembre mil sept cent trois.

LABBE.

(1) Demeurant à Bourges (ajouté dans la transcription notariée).
(2) Qu'il sera obligé de me faire tenir dans les maisons où l'obéissance m'envoyra. (Addition dans la copie des notaires).

Deux notes nous restent, en dehors du testament qu'on vient de lire, et comme elles ne sont point datées, nous ignorons si elles sont antérieures ou postérieures à cet acte. Quoiqu'il en soit de leur date, elles peuvent être considérées comme des suppléments aux dispositions faites par le F. Joseph avant sa profession religieuse.

La première de ces pièces est rédigée sous la forme solennelle d'une recommandation testamentaire.

Au nom du Père, du Fils et du Saint-Esprit.

Je recommande à mon frère, mon nourricier et ma nourrice, et en cas de nécessité de leur donner du pain jusqu'à ce que Dieu ait disposé d'eux, aussi leur petit-fils mon filleul, et de luy faire apprendre un mestier lorsqu'il sera en aage, s'il est en estat de ce faire. Aussi de mesme au fils de feu la petite Silvine mon filleul.

Je prie mon frère de donner un Louis d'or à Bonnin, autant à Louise et un écu à Girard.

LABBE.

Je prie aussi mon frère de donner mes habits aux pauvres.

LABBE.

L'autre note écrite sur une petite feuille de

papier et sans préambule, semble comme une sorte de Post-scriptum où le F. Joseph veut réparer des oublis.

Je prie mon frère de donner dix livres à Madame Bengy, que je dois à M. Baudoin son frère (1). Aussi de donner à M. Damour le fils un écu neuf pour dette du jeu, et quinze ou vingt sols à M. Gaulier des Quatre Piliers.

Philippe Labbe exécuta ponctuellement toutes les volontés de son frère, comme il a pris soin de le marquer par ces mots : *Le tout pajé.*

Dépouillé de tous les biens de ce monde, et ne prétendant plus à rien sur la terre, Joseph ne vivra plus que pour Dieu et n'aspirera plus qu'au ciel.

Le moment si impatiemment désiré arriva, enfin, pour Joseph Labbe, et le 13 septembre 1703, il prononça ses vœux entre les mains du R. P. Lucas supérieur du Noviciat à Paris. Il avait alors 26 ans depuis le 30 août.

Après son noviciat terminé et sa profession

---

(1) Marie Anne Baudouin fille de Messire Denis Baudouin, Écuyer, Conseiller du roi, etc., avait épousé Pierre Bengy, 3e du nom, Écuyer Seigneur de Nuisement.

(Voy. Essais généalogiques sur les anciennes familles de Berry, par M. Paulin Riffé. Famille de Bengy. p. 52.)

faite, il fut envoyé par ses supérieurs au collége de Rennes ; la première lettre écrite de cette ville à son frère, qui nous soit parvenue porte la date du 10 février 1704, elle ne renferme rien qui mérite d'être mentionné. Le 28 août suivant, il écrivait de nouveau à son frère, et après lui avoir donné de tendres témoignages d'affection, il lui parle en ces termes des affaires du temps.

Il se répand ici une très fâcheuse nouvelle d'une action passée en Bavière (1) on dit que la France n'a jamais reçu une blessure plus dangereuse.

M. le premier Président qui était hier à la tragédie du collége eut ces nouvelles. Elles marquaient M. de Tallard prisonnier, avec plus de vingt ou vingt-cinq bataillons taillés en pièces et pris prisonniers; quatre régiments de dragons qui ont eu le même sort. M. le Marquis de la Baume fils de ce maréchal, tué après avoir cassé la tête à Surlaube qui ne voulut point se battre contre les Allemands. Ce fut les gens mêmes de Surlaube qui tuèrent M. de Blainville. Mais, appa-

(1) Il s'agit ici de la bataille connue sous le nom de journée d'Ochstet où les Français unis aux Bavarois furent horriblement maltraités par Malborough à la tête des troupes anglaises, et par le prince Eugène qui commandait les troupes impériales.

remment que vous aurez appris tout cela, car les méchantes nouvelles sont sues bien plus tôt que les bonnes. Les lettres de Brest marquent qu'on ne sait où est M. l'Amiral. Roch a pris le fort de Gibraltar (1), nos corsaires font assez bien leur devoir, il arrive tous les jours des prises à Saint-Malo, à Brest et à Nantes. Ils prirent, il y a quelques jours, deux gros vaisseaux dont l'un était de cinquante-deux pièces de canon, avec plusieurs vaisseaux marchands, l'autre était de trente.

Il ajoute en post-scriptum :

« Vous me ferez plaisir de m'envoyer quelque chose pour mes marmots. J'ai beaucoup d'enfants qui méritent assurément bien qu'on leur donne quelque chose pour les animer. »

En 1707, il fut envoyé au Collège de la Flèche, où il passa encore les deux années suivantes, 1708 et 1709, comme nous l'apprennent les quittances de sa pension que le Procureur de la province envoyait à son frère.

Mais les emplois ordinaires de la Compagnie de Jésus en France, ne suffisaient pas au zèle du P. Joseph, il lui fallait un plus vaste théâtre, un

(1) Ce fut, en effet, en 1704 que les Anglais enlevèrent, par surprise, Gibraltar à l'Espagne.

ministère qui exigeât encore plus de dévouement, et qui lui fournit l'occasion de manifester toute la générosité dont son cœur était capable pour la gloire de Jésus-Christ et le salut des âmes rachetées au prix de son sang. Les missions de la Chine où il entrevoyait de grands travaux, des peines sans nombre, des sacrifices de toute espèce, et jusqu'à celui de sa vie dans un temps de persécution, attiraient sa grande âme. Sur sa demande peut être, et certainement parce qu'il l'y jugeaient propre et qu'il n'y opposait aucune résistance, ses supérieurs le désignèrent pour aller partager les travaux et les dangers de ses confrères à la Chine. (1)

Le 9 avril 1710, il écrivait de la Flèche où il était encore, à son frère Philippe la lettre suivante :

« Je vais me rendre au Port-Louis (2) pour

(1) Le P. Labbe n'est pas le seul enfant du Berry qui se soit consacré aux missions étrangères ; nous citerons à la même époque le P. Contancin son confrère natif d'Issoudun ; et de nos jours, M. Prudence Séraphin Barthélemy Girard, d'Henrichemont, mort le 9 décembre 1867. C'est lui qui eut le 12 janvier 1861, la gloire d'inaugurer au Japon la première chapelle catholique qui ait été ouverte dans ce pays depuis la proscription du christianisme au XIIIe siècle.

(2) Port-Louis petite ville fondée en 1635 par Louis XIII, à 6 kilom. de Lorient (Morbihan.)

l'embarquement qui doit bientot se faire. J'ai appris par une lettre de ma tante des Anges (1) qu'il vous était né un fils, (2) je vous en félicite et je m'en réjouis avec vous, cela me fait un vrai plaisir. Je vous écrirai encore du Port-Louis avant que de partir, pour vous dire adieu. Vous pouvez dire adieu de ma part, à nos parents et bons amis que je salue très humblement. Si vous avez dessein de m'envoyer quelque chose, envoyez le au P. de Lingères à la maison professe, il me l'enverra aussitôt au Port-Louis. Si vous m'écrivez, adressez vos lettres à Vannes, au collège, en attendant que je vous dise adieu dans ma dernière lettre. »

Le 24 du même mois d'avril 1710, le P. de Lingères en donnant quittance à Philippe Labbe de l'argent qu'il lui avait envoyé pour le faire

(1) Cette tante des Anges était une fille de Henri Labbe, religieuse Ursuline à Bourges.

(2) Le fils de Philippe était Philippe-Pierre Labbe qui épousa plus tard, Marie-Magdelaine Agard de Morogues grand'mère de l'auteur de cette notice ; il fut baptisé le 14 mars 1710 dans l'Eglise de St-Aoustrillet, parce que ses parents demeuraient alors dans la rue Jacques-Cœur comprise dans l'enceinte de la paroisse de St-Aoustrillet.

On voit encore à la jonction des deux maisons portant les n°s 5 et 7, une pierre sur laquelle est gravée cette inscription. « Ce mur liaisonne avec M. de Champgrand 1740. »

parvenir à son frère alors à la Flèche, lui écrivait de Paris :

Monsieur,

J'ai reçu la lettre que vous m'avez fait l'honneur de m'écrire et la lettre de change dont elle était accompagnée. Je viens d'envoyer la lettre de change à son adresse, et j'en enverrai le paiement au Port-Louis dès que je l'aurai reçu. Comme le vaisseau ne doit partir que vers le 25 du mois de mai, on recevra l'argent avant le départ. J'y joindrai les 200 fr. dont vous me parlez et je suis persuadé que cela fera un fort grand plaisir au P. Labbe parce qu'on n'a pas souvent des occasions commodes de faire tenir de l'argent dans le lieu où il va. C'est un grand sacrifice que celui qu'il fait en se consacrant à une mission aussi éloignée que celle où il va, et je ne doute pas que ce n'en soit un pour vous-même de vous séparer d'un frère qui mérite votre estime et votre amitié. Le bien qu'il fera, à ce que j'espère, dans ce pays-là pour la conversion des âmes, vous consolera l'un et l'autre de cette séparation. »

Le 26 avril 1710 le P. Joseph, alors à Rennes, remerciait son frère de l'envoi d'argent dont il vient d'être parlé.

« Mon cher frère, lui disait-il, je vous fais mille remerciments, c'est une aumône que vous faites à notre mission, et vous serez au nombre de ses bienfaiteurs.... Je partirai d'ici dans deux jours pour aller à Vannes, je crois que notre départ n'est pas éloigné, je vous écrirai avant que de mettre à la voile. »

Le départ n'eut lieu que le 13 septembre 1710, Le P. Joseph fut embarqué sur l'*Eclair* commandé par M. de Boisloré ; c'est lui-même qui donne ces détails dans une longue lettre qu'il écrivit sous la date du 8 janvier 1712, de la Conception au Chili, où le navire, après quatorze mois de navigation, avait abordé le 26 décembre 1711. Cette lettre est adressée au P. Labbe, son parent (1) et fut insérée dans le recueil des *Lettres édifiantes et curieuses*, où on peut la lire (tome 8, in-12 de l'édition imprimée à Paris en 1781.) Mais comme les éditeurs y ont fait quelques changements, des suppressions, des modifications de style, nous la reproduirons textuellement à la fin de cette notice, d'après l'original appartenant aujourd'hui à M. Georges de Champgrand, et nous nous bornerons à en donner ici une analyse.

(1) Nous pensons qu'il s'agit du P. Louis-Philippe Labbe, fils de Philippe Labbe, seigneur de Chavanes né en 1647, cousin issu de germain du collecteur des conciles, lequel était grand oncle du P. Joseph.

A peine le navire avait-il fait trente lieues au large, qu'un vent contraire le rejeta violemment dans le port. Deux jours après, le temps ayant changé et le vent étant devenu favorable, on remit à la voile dans l'espérance d'arriver bientôt à Brest pour se joindre à l'escadre de M. de Chammelin, mais arrivé à la même hauteur que la première fois, une tempête plus violente encore que la précédente, obligea le navire de rentrer pour la seconde fois, au port. Enfin, trois jours après, on put sortir, et on arriva heureusement à Brest, le lendemain.

L'escadre n'étant pas prête, on fut obligé d'attendre quinze jours, c'est-à-dire jusqu'au 12 octobre. Ce jour là on mit à la voile au nombre de dix-neuf vaisseaux, dont deux appartenant à la marine royale, les autres corsaires et marchands, tous armés en guerre et pourvus de cargaisons.

Dès le troisième jour, le vent commença à devenir contraire; le 4 et le 5 il augmenta tellement, qu'il souleva une horrible tempête; les navires en furent si fort endommagés que ne pouvant continuer le voyage, on fut obligé de revenir à Brest dont on n'était éloigné que de cinquante lieues. Ce contre-temps obligea l'escadre à rester au port près d'un mois.

Le 8 novembre on repartit, quelques autres navires s'étant joints à l'escadre, on se trouva au nombre de vingt-quatre bâtiments, mais qui, le 25, se séparèrent pour prendre différentes directions.

Le 29, on aperçut l'île des Sauvages peu éloignée de Madère. Le 30 on mouillait dans la rade de Ténériffe pour y faire de l'eau et du bois. L'*Eclair* stationna huit jours dans ce port, et repartit le 7 décembre.

Le 15 on découvrit une des iles du cap Verd, nommée *Buena vista*. Dans la nuit qui suivit, on aperçut le volcan de l'île de feu.

Le 20 décembre, par cinq degrés de latitude, un calme plat se déclare et retient le navire quarante jours en repos, les passagers ont excessivement à souffrir de la chaleur et du manque d'eau.

Le 10 février 1711 on passe la ligne, le 18, on reconnait les côtes du Brésil.

Le 21, on mouille près des îles Ste-Anne.

Le 22 on double le cap Frion, et le 5 mars celui du Tropique.

Le 2 avril, jour du Jeudi Saint, on est pris par le gros temps qui dure jusqu'au samedi.

Le 10, on reconnait par la couleur de l'eau

qu'on est dans la rivière de La Plata, (1) on aperçoit l'île des Loups.

Le 15 on découvre les montagnes de Maldanal et l'île de Flore.

Le 16 on mouille dans la baie de Montévidéo.

Le 1er mai, on mouille encore à trois lieues de Buénos-Ayres.

Le P. Labbe dit de cette ville :

Ce n'est qu'un commencement de ville, assez mal bâtie, les maisons sont de terre, il y a une forteresse qui est peu de chose, nous y avons un collège où on régente les humanités. » Il vit là des missionnaires du Paraguay qui se disposaient à retourner dans ce pays, il rapporte les détails très-intéressants qu'ils lui donnèrent sur l'état de leur mission ; ces détails seraient ici un hors-d'œuvre, mais on les lira avec plaisir dans le texte de la lettre, à la fin de cette notice.

La saison se trouvant trop avancée pour pouvoir passer le cap Horn, l'*Eclair* se vit obligé d'hiverner dans la rivière, et on prit, d'abord, position proche les îles saint Gabriel, à une lieue de terre.

De là on partit le 25 septembre pour aller mouiller à Montevidéo, mais le navire faillit être

---

(1) Le nom espagnol *Rio de la Plata* signifie *rivière d'argent*.

victime d'une tempête épouvantable, et pendant six heures on se crut perdu. Cinq ancres ne pouvaient tenir le vaisseau et on se voyait sur le point de se briser à la côte. Pour soulager le navire, on voulait couper les mâts ; c'était une résolution désespérée.

Le P. Joseph exhorta l'équipage à recourir à Dieu. On fit un vœu à Sainte Rose de Lima, patronne du Pérou, promettant qu'au premier port de ce pays, on irait en habits de pénitents, nupieds à l'église, et qu'on y ferait chanter une messe en l'honneur de Sainte Rose, si Dieu tirait les passagers du danger extrême où ils se trouvaient.

Peu de temps après, on sentit que Dieu avait accepté la promesse : les ancres qui, jusque-là, n'avaient fait que glisser sur le fond, sans pouvoir mordre, se fixèrent, et peu à peu le vent diminua.

Le 30, on partit de Montévidéo, mais on alla échouer sur une pointe de rocher où le navire se serait infailliblement brisé, si le temps n'eût pas été calme ; on se tira de ce péril, sans aucun dommage, mais le vent contraire qui survint, obligea à rester quelques jours près de l'Ile de Flore ; les passagers y descendirent et n'y trouvèrent que des loups et des lions marins (1).

Le 1ᵉʳ novembre, on passa le détroit Lemaire ; enfin, après bien des incidents, le 15 on doubla le Cap Horn.

Pendant trente jours, le navire fut balloté par des vents contraires très-violents, en sorte que à peine avança-t-on de vingt lieues ; le froid était très-intense, mais les nuits très-claires.

Le 21, on arriva enfin à la Conception (2).

C'est de là que le P. Joseph écrit la relation de son voyage, et il la termine en disant : « Voilà, mon R. P., déjà bien du temps que nous sommes sortis de France, et nous ne pouvons espérer d'arriver à la Chine avant un an ; il semble que cette terre chérie fuit devant nous. »

C'était, en effet, un voyage d'une excessive longueur, que le trajet de France à la Chine, en passant par l'Amérique ; et nous ne nous expliquons pas les motifs qui ont pu déterminer le P. Labbe à suivre un pareil itinéraire. Peut-être fut-il obligé de l'adopter, à défaut de moyens de transport qui l'eussent conduit plus directement

---

(1) Les loups marins, et les lions marins sont des espèces du genre Phoque.

(2) La Conception ou la Machaville du Chili, sur le Biobio, fondée en 1550, par Pierre Valdivia.

à sa destination. Nous voyons, par une lettre du P. Chalier, insérée dans les *Lettres édifiantes* (tome 22, p. 382-427, édit. in-12. 1781), que la traversée de plusieurs confrères du P. Labbe, d'Europe à Macao, ne fut que de six moix.

Nous ne savons pas à quelle époque le P. Joseph arriva à la Chine, ni les particularités de son voyage ; si les conjectures qu'il exprime à la fin de la lettre que nous venons d'analyser, se sont réalisées, ce fut vers la fin de l'an 1712, ou au commencement de 1713, qu'il mit le pied sur cette terre, objet de tous ses vœux, qui allait être le théâtre de ses travaux apostoliques, et sur laquelle il devait mourir un jour comme un vaillant soldat, au poste d'honneur.

Un aperçu historique, sur l'histoire religieuse de la Chine, ne sera point ici hors de propos.

Les savants sont partagés sur la question de savoir si l'Evangile a été prêché à la Chine dès le temps des Apôtres. Quelques-uns pensent que St-Thomas, qui porta l'Evangile en Ethiopie, en Perse et dans plusieurs contrées des Indes, fit aussi connaître Jésus-Christ aux Chinois, mais on ne peut apporter de ce fait aucunes preuves démonstratives (1).

(1) On cite, en faveur de l'évangélisation de ce pays par les

— 28 —

Un monument déterré en 1625, dans la province de Chien-Si, dans le voisinage de la ville de Signan (1), prouve au moins que la religion chrétienne a fleuri à la Chine depuis l'an 636, jusqu'à l'année 782, date de l'érection. Ce monument consiste en une table de marbre qui a dix pieds de long et cinq de large ; sur la partie supérieure, est gravée une croix, et plus bas, une inscription en caractères chinois, portant en substance qu'un ange avait annoncé la venue au monde, en Judée, du Messie né d'une mère Vierge ; que sa naissance avait été marquée par un nouvel astre, que les rois d'Orient étaient venus à ce signe lui offrir des présents, afin que la loi et les prophéties fussent accomplies ; que Olo-puen était venu à la Chine en 636, et que l'Empereur après avoir examiné la loi chrétienne, en avait reconnu la vérité, et qu'il avait publié un édit en sa faveur.

Cette inscription était accompagnée en marge,

apôtres, un ancien Bréviaire de l'Eglise du Malabar écrit en langue Chaldaïque.

(1) Voyez dans le Journal des Savants 1760, un mémoire sur l'authenticité de ce monument. Le P. Athan. Kircher, dans sa *China monumentis illustrata*, avait fait connaître cette inscription, mais le P. Visdelou son confrère, qui était très versé dans la langue Chinoise, en a donné une traduction plus fidèle.

de la signature des prêtres chrétiens (1) qui attestaient la vérité du récit gravé sur le marbre, elles étaient écrites en caractères Syriaques.

L'empereur Chin-yao-ti qui régnait à l'époque de la découverte du monument, en 1625, ordonna qu'il fût conservé soigneusement dans un temple où il est encore, à un quart de lieue de Signan-fu.

Quoi qu'il en soit du passé, si la religion chrétienne avait autrefois fleuri en Chine, elle ne s'y était pas conservée, et les missionnaires qui au XVIe siècle, vinrent d'Europe en ce pays pour l'évangéliser, n'y trouvèrent point de chrétiens.

Le grand apôtre des Indes, Saint François-Xavier, avait ardemment soupiré après le bonheur de pénétrer à la Chine pour y faire connaître Jésus-Christ, mais, dit un de ses historiens : « Dieu traita Xavier comme il fit autrefois Moïse qui mourut à la vue de la terre où il avait ordre de conduire les Israëlites. » (2) En effet, des difficultés insurmontables s'opposèrent à la réalisation de ses projets, et le 2 décembre 1552, il rendit sa belle âme à Dieu dans la petite île de

---

(1) Ces prêtres chrétiens étaient les chefs d'une mission Nestorienne.

(2) Vie de Saint François-Xavier par le P. Bouhours.

Sancian (1) à quelques lieues de cette terre objet de tous ses désirs

Mais les prières ferventes que l'apôtre expirant avait adressées à Dieu pour qu'il lui plût d'envoyer à sa place des ouvriers dans cette moisson, ne demeurèrent pas sans effet. L'esprit de zèle dont il était animé pour la conversion des Chinois passa dans ses confrères, et en 1580, le P Mathieu Ricci, né l'année même de la mort du saint (2), eut la gloire d'ouvrir cette vaste carrière que les disciples d'Ignace n'ont cessé de parcourir avec un infatigable dévouement.

Que de courage ne fallait-il pas pour tenter une pareille entreprise ? Que de vertus apostoliques, de talents même et de connaissances acquises, dans tous les genres, n'étaient pas nécessaires pour réussir dans un pareil ministère ? Le P. Ricci possédait toutes ces qualités : écoutons ce que dit à ce sujet, l'auteur du *Tableau*

---

(1) Sancian ou Chang-tch-men-chan sur la côte de la province de Quang-tong, à 18 lieues sud-ouest de Macao.

(2) Le P. Mathieu Ricci naquit l'an 1552 à Macerata, en Italie, et mourut à Pékin en 1610 ; il a laissé des *Mémoires* curieux sur la Chine, dont le P. Trigault s'est servi pour écrire son ouvrage : *De christianâ expeditione apud Sinas*. Colon. 1684 in-8°. Le P. Jos. d'Orléans, natif de Bourges, a donné en 1693 la *Vie du P. Ricci*.

historique du Christianisme à la Chine : (1).

« Un zèle éclairé, infatigable, mais sage, patient, circonspect, lent pour être plus efficace, et timide pour oser davantage, devait être le caractère de celui que Dieu avait destiné pour être l'apôtre d'une nation fière, soupçonneuse, jalouse à l'excès, et naturellement ennemie de tout ce qui ne naît pas dans son pays.

Il fallait ce cœur vraiment magnanime pour recommencer tant de fois un ouvrage si souvent ruiné, et savoir mettre à profit les moindres ressources. Il fallait ce génie supérieur, ce rare et profond savoir, pour se rendre respectable et en imposer par l'ascendant des connaissances et des talents, à des gens accoutumés à ne respecter qu'eux, et pour enseigner une loi nouvelle à ceux qui n'avaient pas cru jusque-là, que personne pût leur rien apprendre : mais il fallait aussi un égal fonds d'humilité et de modestie, pour adoucir à ce peuple superbe, le joug de cette supériorité d'esprit auquel on ne se soumet volontiers que quand on le reçoit sans s'en apercevoir. Il fallait, enfin, une aussi grande vertu, une aussi continuelle

---

(1) Tableau historique du Christianisme à la Chine par M.*** Vicaire général de Soissons.
Voy. Choix des lettres édifiantes, Paris 1808 tome **2**.

union avec Dieu que celle de l'homme apostolique, pour se rendre supportables à soi-même par l'onction de l'esprit intérieur, les travaux d'une vie aussi pénible, aussi pleine de dangers que le fut celle du P. Ricci pendant tout le temps qu'il passa à la Chine ; et l'on peut assurer que le plus long martyre lui aurait épargné bien des souffrances. Tel est le portrait que nous trace le P. d'Orléans, de cet homme apostolique. »

On ne saurait dire toutes les peines que se donna le P. Ricci pour parvenir à fonder une mission en Chine. On se borna longtemps à admirer sa science et ses talents, sans témoigner un désir sincère d'embrasser le Christianisme, ce fut au point que les missionnaires qui l'accompagnaient, découragés par la stérilité de leur ministère, se retirèrent, le laissant seul aux prises avec les préjugés et l'avidité du peuple et des Mandarins.

Dieu bénit l'ardeur de sa foi et sa persévérance. Les yeux s'ouvrirent enfin à la vérité ; le nombre des néophytes grossit et se multiplia parmi ceux qu'il initiait d'abord aux sciences humaines pour s'attirer leur estime ; en sorte qu'il put jeter à Nankin les fondements d'une église devenue dans la suite très-nombreuse et assez florissante pour qu'on ait cru devoir l'ériger en évêché.

Parvenu enfin, à gagner les bonnes grâces de l'empereur qu'il était allé trouver à Pékin, (1) il rencontra dans les bonnes dispositions du monarque, le moyen efficace de faire des prosélytes parmi les hommes mêmes les plus considérables par leur naissance et leurs emplois. L'exemple des grands et des sages eut un tel ascendant sur le peuple, que bientôt le nombre des missionnaires fut insuffisant, quoique Dieu en suscitât de nouveaux qui accoururent au secours des premiers, et n'épargnèrent ni peines ni travaux pour seconder leur zèle.

Bientôt on vit s'élever dans la capitale et dans les provinces, des églises nombreuses et florissantes.

On doit bien s'attendre que l'œuvre de Dieu

(1) Nous avouons que nous ne nous sommes pas attaché scrupuleusement à l'ortographe des noms chinois, d'abord par ce que nous ne savions pas toujours quelle était la véritable ; puis encore, parce qu'il y aurait eu des inconvénients pour le lecteur, à nous écarter de l'usage reçu en France par rapport à certains noms plus connus. C'est pour ce motif, par exemple, que nous écrivons ici Pékin et non Pé-King ; ailleurs : Canton et non Kouang-tong. En d'autres endroits, au contraire, nous transcrivons les noms de lieu tels que nous les trouvons dans les documents qui nous ont servi de guide.

ne faisait des progrès qu'à travers les obstacles et les contradictions suscités par les ennemis de la vérité, surtout par les Bonzes (1) dont l'établissement d'une religion nouvelle ruinait l'autorité. Mais ces persécutions tantôt sourdes, tantôt déclarées, ne servirent qu'à animer le zèle des prédicateurs de l'Evangile et à soutenir leur espérance.

« Ricci était l'âme de la mission et son esprit en animait toutes les branches. Il fallait veiller sur toutes les églises, former des novices capables de perpétuer ce qu'on ne venait que de commencer; il fallait catéchiser, prêcher, confesser, consoler les persécutés, affermir les faibles dans la foi, donner du courage aux timides, visiter les malades, recevoir les derniers soupirs des mourants; il fallait dans les courts intervalles que laissaient les fonctions du ministère, continuer à cultiver les siences, donner des leçons de mathématiques et de géographie, écrire en Chinois des catéchismes pour les catéchumènes, des ouvrages de piété pour les néophytes, des livres de controverse contre les savants qui attaquaient la reli-

(1) C'est le nom que les Européens donnent aux prêtres, tant de la Chine que de la Cochinchine et du Japon; à quelque secte qu'ils appartiennent.

gion ; répondre aux doutes, aux objections que lui envoyaient les Lettrés de toutes les parties de la Chine ; cultiver, ménager la protection des grands, fournir à la subsistance des missionnaires et au soulagement des pauvres, être tout à tout, et s'oublier soi-même pour ne s'occuper que de Dieu et de son œuvre. (1)

Le P. Ricci ne pouvait soutenir longtemps de pareilles fatigues, elles l'épuisèrent bientôt et il y succomba en 1610, à l'âge de 57 ans.

Il ne peut entrer dans notre plan de faire l'histoire des succès et des revers de la religion en Chine, depuis la mort du célèbre missionnaire qui l'y implanta au prix de tant de peines.

Mais parmi les traverses qu'elle éprouva nous ne saurions passer sous silence les fâcheuses discussions qui eurent lieu dans ce pays, au sujet des rites usités en l'honneur de Confucius et des ancêtres, parce que le P. Joseph Labbe était à la Chine au moment où le saint-siège mit fin à toutes les disputes par une bulle dont les missionnaires durent accepter la décision souveraine, et à laquelle ils se soumirent, en effet, quelque fût l'opinion personnelle qu'ils eussent défendue jusque-là.

(1) Tableau hist. du Christ, à la Chine, cité plus haut.

Voici comment et sur quoi les esprits s'étaient divisés.

Le célèbre P. Ricci dont nous avons parlé plus haut, était mort, comme nous l'avons dit en 1610, après avoir puissamment contribué par son zèle et ses talents, à l'établissement de cette importante mission. Connaissant l'extrême susceptibilité des Chinois, il avait cru que le meilleur moyen de s'insinuer dans leur esprit et de les gagner à Jésus-Christ, était de ne point attaquer de front la doctrine de Confucius pour lequel ils avaient une si grande vénération, et de ne pas les inquiéter au sujet des honneurs qu'ils rendaient aux ancêtres. Il lui avait semblé, qu'en étudiant bien la doctrine du philosophe législateur, sur la nature de Dieu, on n'y trouvait pas d'opposition formelle avec les enseignements de l'Eglise ; que ce n'était point le ciel matériel et visible, mais le Seigneur du ciel, l'être suprême invisible et spirituel dans son essence, infini dans ses perfections, créateur et conservateur de toutes choses, le seul vrai Dieu, en un mot, dont Confucius prescrivait l'adoration et le culte à ses disciples.

Quant aux honneurs rendus aux ancêtres, les prosternations, les sacrifices mêmes qu'on offrait pour honorer leur mémoire, le P. Ricci s'était persuadé que dans la doctrine de Confucius, ces hommages étaient des cérémonies purement civiles, où ce philosophe enseignait qu'on ne devait rien voir de religieux et de sacré ; que le motif en était uniquement fondé sur les sentiments de vénération, de piété filiale, de reconnaissance et d'amour que les Chinois ont eu, de tout temps, pour les auteurs de leurs jours, et pour les Sages qui les ont éclairés des rayons de la vraie science. Qu'ainsi, ces cérémonies, ramenées à leur source et aux vrais principes du philosophe Chinois, n'étaient pas un culte superstitieux et idolâtrique, mais un culte civil et politique qui pouvait être permis à l'égard de Confucius et des ancêtres, à des Chinois convertis au Christianisme.

Telle fut jusqu'à sa mort, l'opinion du P. Ricci, et du plus grand nombre des missionnaires ; mais ces usages apparurent à son successeur sous un aspect bien différent. Se voyant à la tête de la mission et responsable de tous les abus qui pourraient s'y commettre ; il crut de son devoir d'examiner ces questions importantes, avec plus d'attention qu'il n'avait fait durant la vie du P. Ricci.

Il lut donc les ouvrages de Confucius et de ses plus célèbres commentateurs, et consulta les

Lettrés les plus instruits et qui pouvaient lui inspirer le plus de confiance. Le résultat de cette étude fut un ouvrage qu'il composa, où la matière était traitée à fond, mais dont les conclusions n'étaient nullement conformes à l'opinion du P. Ricci. Selon lui, la doctrine de Confucius et celle de ses disciples étaient plus que suspectes de matérialisme et d'athéisme ; les Chinois, pensait-il, ne reconnaissaient, à le bien considérer, d'autre divinité que le Ciel et sa vertu matérielle répandue dans tous les êtres de l'univers, l'âme n'était dans leur système, qu'une substance subtile et aérienne ; et enfin, leur opinion sur l'immortalité de l'âme ressemblait beaucoup au système absurde de la métempsycose qui leur était venu des philosophes indiens.

Considérés sous ce point de vue, les usages de la Chine parurent au P. Longobardi (1) et à tous ceux qui se déclarèrent pour lui, une superstition et une idolâtrie qui ne pouvaient s'allier avec la sainteté du Christianisme ; une pratique criminelle,

(1) Le P. Nicolas Longobardi appartenait à une famille distinguée de la Sicile. Né en 1565, il mourut à Pékin l'an 1655, après avoir été supérieur général des missions de la Chine. Outre un recueil de ses lettres, on a de lui un traité en latin, sur Confucius et sa doctrine. Cet ouvrage a été traduit en français. Paris 1701, un vol. in-12.

dont il était nécessaire de faire sentir l'impiété aux Chinois que la grâce appelait à la lumière de l'Evangile, et qu'il fallait interdire rigoureusement à tous les chrétiens, quelles que fussent leur condition et les places qu'ils occupaient dans l'Empire.

Les missionnaires ne furent pas unanimes à adopter les idées du P. Longobardi, et surtout les conclusions qui en découlaient quant à la pratique. Ils protestèrent de leur disposition sincère à se soumettre aux décisions qui émaneraient du Saint-Siège, mais, en attendant, ils refusèrent de rien changer à leur enseignement et à leur conduite.

La dispute qui s'agitait avec beaucoup de vivacité au fond de l'Asie fut portée à Rome où les sentiments n'étaient pas moins partagés qu'à la Chine. La propagande rendit d'abord en 1645 un décret provisoire défendant les cérémonies Chinoises jusqu'à ce que le Saint-Siège eût prononcé définitivement. Puis, sur les réclamations des partisans de l'opinion du P. Ricci, elle émit en 1656 un nouveau décret portant permission aux Chinois et aux Lettrés convertis, de persister dans leurs anciens usages, en déclarant, pour écarter tout scandale, que par les honneurs qu'ils rendaient soit aux ancêtres soit à Confucius, ils n'entendaient pas un culte religieux, mais seulement un culte civil et purement politique.

Enfin, comme on disputait pour savoir si le second décret annulait le premier ou le laissait subsister, un troisième fut rendu qui maintenait les deux premiers, en déclarant que les Rites en question seraient défendus pour ceux qui les croiraient idolâtriques, et permis à ceux qui ne les regarderaient que comme des actes d'une vénération purement civile.

Le Saint-Siège s'était réservé dans ces divers décrets, de prononcer définitivement, sur le fond de la question, lorsque les raisons produites de part et d'autre, paraîtraient suffisamment discutées.

A la faveur de la liberté laissée à chacun de produire ses mémoires, l'esprit de dispute et de contention ne fit que s'allumer d'avantage. Non seulement les missionnaires des différents ordres étaient divisés, et soutenaient, chacun son opinion, avec une vivacité qui s'accompagnait quelquefois d'un peu d'aigreur; mais les jansénistes enchantés d'avoir une occasion de nuire aux Jésuites, composaient des ouvrages où ces Pères étaient représentés comme les apôtres, ou tout au moins les fauteurs de l'idolâtrie en Chine.

Vainement les Papes Innocent XI, Innocent XII et Clément XI, essayèrent-ils par des visiteurs apostoliques et des légats, de ramener la paix troublée ; ce ne fut qu'à la suite du décret *Ex illa die*, rendu en 1715 par Clément XI, et notifié à la Chine en 1716, que la tempête se calma, après avoir agité les esprits en Asie et en Europe, pendant plus d'un siècle.

Cette fâcheuse affaire peut fournir, cependant, à un homme sérieux d'utiles réfléxions.

Il admirera dans le P. Ricci et dans ceux des missionnaires, (jésuites ou autres, car il y en eut de différents ordres,) qui adhérèrent à son opinion, un zèle plein de charité qui les porta à pousser la condescendance jusqu'à ses dernières limites, qu'ils dépassèrent même sans le vouloir, afin d'écarter tous les obstacles capables de s'opposer à la conversion des Chinois dont le salut leur était si cher.

D'un autre côté, il n'admirera pas moins dans les contradicteurs une sainte jalousie pour la pureté de la foi compromise par une condescendance excessive à l'égard d'usages qui leur paraissaient condamnables, et qui l'étaient en effet, comme la décision de 1715 le montra.

La vivacité de la dispute qui s'expliquerait par

l'importance seule de la question, dégénera, parfois, en contention blâmable chez quelques uns ; mais on ne doit pas s'en étonner, les défauts inhérents à l'humanité dégénérée se retrouvent jusque dans des hommes que le zèle de la gloire de Dieu et du salut des âmes a conduits dans des pays lointains, où, privés de toutes les jouissances naturelles, ils sont continuellement exposés à la persécution et au martyre ; on peut le déplorer, on ne saurait en être surpris.

Comment cette division se prolongea-t-elle si longtemps, et comment se termina-t-elle d'une manière si prompte et si absolue ?

Sa prolongation est due à ce que le saint siège, suivant ses traditions, usa de cette sage lenteur que la prudence inspire dans de telles affaires. Il ne voulait pas compromettre le succès des missions en interdisant tout à fait ce qui, peut-être, était tolérable ; il ne voulait pas non plus déclarer innocent ce qui, peut-être, était très-blâmable. Les principes étaient clairs, mais avant de les appliquer d'une manière absolue, il y avait à résoudre des questions de fait : Dans quel esprit les Chinois pratiquaient-ils ces rites ? quel sens attachaient-ils à ces cérémonies ? les regardaient-ils comme les pratiques d'un culte religieux, ou comme de simples honneurs civils ? Le mot *Tien* se rapportait il au ciel matériel, ou au Seigneur même du ciel ?

Toutes ces questions n'étaient pas aussi faciles à résoudre qu'on pourrait se l'imaginer. Le Saint-Siège, avant de prononcer un arrêt définitif, voulait que tous les doutes fussent éclaircis. Les témoignages, cependant, ne s'accordaient pas entre eux, et plus la dispute s'échauffait, moins la vérité se faisait jour.

Enfin, ce qui est admirable, c'est la disposition où étaient les partisans de la tolérance à l'égard des Rites Chinois, de se soumettre à la décision du Pape, et la docilité avec laquelle ils se soumirent, en effet, quand elle eut été rendue.

« Nous déclarons à la face de toute l'Eglise, comme nous l'avons déjà fait plusieurs fois, écrivaient à Rome les missionnaires Jésuites, que quelque chose qu'il plaise au saint Père de déterminer sur l'affaire de la Chine, nous obéirons. Il nous condamnerait mille fois, que nous n'oublierions jamais ce qu'il est, et ce que nous sommes ... si le Pape condamne la pratique que nous avons suivie.. ... quelque chose qu'il nous en doive coûter, l'honneur, la liberté, et la vie même, nous nous soumettrons sans restriction et sans délai. » (1)

C'est le privilège inappréciable de la seule vraie Église, d'avoir à sa tête un juge infaillible des controverses, et c'est le devoir, comme la gloire, de ses véritables enfants, d'accepter avec une soumission prompte et entière les décisions rendues par celui duquel Notre-Seigneur Jésus-Christ à dit : « qui vous écoute m'écoute moi-même. » (2)

Les missionnaires qui avaient protesté, par anticipation, de l'obéissance prompte et absolue avec laquelle ils accepteraient la décision, si elle était rendue, prouvèrent, par les faits, que leur protestation était sincère.

Le Pape Clément XI ayant rendu en 1715, un décret définitif, notifié à la Chine l'année suivante, tous les missionnaires se soumirent à la décision du chef de l'Église, avec la docilité qu'on pouvait attendre de leur piété. Cela n'empêche pas un auteur anonyme de publier dans un livre auquel il donna le titre d'*Anecdotes sur l'état présent de la religion dans la Chine*, d'insignes calomnies sur le compte des missionnaires jésuites qu'il voulait

---

(1) Cité par l'auteur du choix des lettres édifiantes. Tome 2. Tableau historique p. LV-LVI.
(2) Luc X. 16.

faire passer pour réfractaires au décret pontifical, et qu'il traduisait comme des hypocrites et des parjures.

Le P. de Goville de la Compagnie de Jésus, qui était personnellement attaqué par le faiseur d'*anecdoctes*, crut devoir prendre la plume pour se justifier, lui et ses confrères, des fausses accusations dont on les chargeait. (1)

« Il est vrai, dit-il, qu'en 1716 le décret de Clément XI fut publié à la Chine, et que je le signai avec serment. Mais je m'écrie à la calomnie, pour moi et au nom de mes confrères, contre l'anonyme qui ose nous accuser de ne l'avoir signé qu'avec une *sincérité apparente*. J'y souscrivis avec une entière soumission de cœur et d'esprit, persuadé intimement que n'y adhérant pas de la sorte, et ne laissant pas d'y souscrire, je me serais rendu coupable d'un horrible parjure Je ne me suis jamais départi de l'obéissance que je promis au décret de sa Sainteté. »

Après ce témoignage personnel, il en ajoute un

(1) Lettre du P. de Goville missionnaire de la Cie de Jésus, ancien missionnaire de la Chine, à M. X. contenant sa déclaration au sujet des faits calomnieux qui lui sont imputés par l'auteur des *Anecdoctes* sur l'état présent de la religion dans la Chine. (Sans date). Lettres édifiantes et curieuses Paris 1781. Tome 21 p. 384 et suivantes.

autre que nous devons recueillir avec soin parce qu'il intéresse celui dont nous écrivons la biographie: « Je dis de même avec certitude, ajoute le P. de Goville, des Pères Lequesne, Cazier, Nyel, Casalès, du Baudory, Jean Baborier et Labbe, qui ont demeuré plusieurs années avec moi dans notre maison de Canton. »

Nous ne pouvions nullement douter de la soumission du P. Joseph à toutes les décisions du Saint-Siège, son éminente piété nous en était un sûr garant, mais le témoignage du P. de Goville vient confirmer cette persuasion et la changer en certitude.

L'anonyme ayant voulu répondre à la première lettre du P. de Goville, celui-ci répliqua dans une seconde, (1) où il résume, en quelques mots, toute l'histoire de la conduite tenue par les jésuites depuis l'origine de la controverse, jusqu'à sa conclusion: « Avant les décrets de Clément XI, les Jésuites permettaient il est vrai, et ils ont cru devoir permettre, les cérémonies chinoises, telles qu'Alexandre VII les avait permises, et ils les regardaient comme un culte civil et politique. Peut-on douter qu'ils n'ayent agi de bonne foi, de même que tant de différents ordres qui ont

---

(1) Lettres édifiantes et curieuses, tome 21, p. 40 et suiv.

tenu la même conduite ; c'est la justice que leur rend Clément XI lui-même dans le décret du 20 novembre 1704, en excusant, comme il fait, la droiture de leurs intentions. Mais, depuis la publication du décret *Ex illa die*, faite à la Chine en 1716. (1), les jésuites n'ont plus qu'un seul et même sentiment, qui est celui de la soumission..... s'opiniâtrer, comme fait l'anonyme, malgré l'évidence des faits, à dire le contraire, c'est nier qu'il fait jour en plein midi. »

C'est ainsi que, dans la vraie Eglise, l'Église catholique, se terminent les controverses, même les plus longues et les plus animées, quand ceux qui les soutiennent, savent, comme ils le doivent, renoncer à leur propre jugement pour se soumettre avec la docilité des enfants, à la décision du représentant de Jésus-Christ.

Mais, revenons au P. Joseph Labbe que nous avons un moment perdu de vue. Plût à Dieu qu'il nous fût possible de le suivre pas à pas, durant tout le cours de son apostolat qui dura plus de trente ans ! Que de traits de vertu n'aurions-nous pas à raconter ! Mais le zélé missionnaire ne se mettait pas en peine que les hommes connussent ce qu'il faisait, il lui suffisait que Dieu le sût.

(1) Le décret est daté à Rome du 19 mars 1715.

Dans le volumineux recueil des lettres écrites de la Chine par ses confrères, on n'en trouve pas une seule qui émane de lui, il a laissé aux compagnons de ses travaux le soin de dire, par occasion, quelque chose de ce qu'il faisait pour la gloire de Dieu et le salut des âmes dans ces régions lointaines.

Le P. Joseph en abordant en Chine dut descendre à Macao où les Jésuites avaient deux maisons.

« Macao, dit le P. Loppin (1), est une ville qui appartient aux Portugais : elle leur fut cédée autrefois (2) par les Empereurs de la Chine, en reconnaissance du service qu'ils avaient rendu, en nettoyant la mer de pirates. Les Portugais étaient alors puissants dans les Indes, la ville devint considérable, et l'on y fonda plusieurs maisons religieuses... nous y avons deux maisons, dans l'une desquelles les jésuites français se retirèrent lorsqu'en 1732 ils furent exilés de la Chine. »

Une lettre du P. de Maille jésuite, écrite de Pékin à la date du 16 octobre 1724, est le premier monument où nous trouvions le nom du P.

---

(1) Lettres édifiantes, tome 22. p. 424.
(2) Macao appartient au Portugal depuis 1563.

Labbe, qui exerçait déjà son ministère en Chine depuis environ douze ans.

Le P. de Mailla faisant connaitre le triste état dans lequel se trouvait, à cette époque, la mission de Chine : « Comment vous écrire (dit-il) dans l'accablement de douleur où nous sommes? et le moyen de vous faire le détail des tristes scènes qui se sont passées sous nos yeux ? ce que nous appréhendions depuis plusieurs années, ce que nous avons tant de fois prédit, vient, enfin, d'arriver : notre sainte religion est entièrement proscrite à la Chine, tous les missionnaires, à la réserve de ceux qui étaient à Pékin, sont chassés de l'empire ; les églises sont ou démolies, ou destinées à des usages profanes ; les édits se publient où sont des peines rigoureuses; on ordonne aux chrétiens de renoncer à la foi, et où on défend aux autres de l'embrasser; tel est le déplorable état où se trouve réduite une mission qui depuis près de deux cents ans nous a coûté tant de sueurs et de travaux. »

Cette persécution qui avait pris naissance dans la province de Fo-kien, s'étendit bientôt, et mit les ouvriers évangéliques dans la nécessité de quitter, du moins pour quelque temps, les lieux où ils exerçaient leur laborieux ministère ; et le

P. de Maille, dans sa lettre, nous apprend que le P. Labbe fut obligé avec plusieurs autres, du nombre desquels était le P. Contancin son compatriote (1) et le P. Hervieu, alors supérieur de la mission française, de se retirer à Canton (2).

Nous ne savons pas le temps que dura cette retraite, ni ce que devint le P. Labbe jusqu'en 1731 où nous le trouvons dans les montagnes du Hou-Kang (3). Le P Parennin, un des plus intrépides ouvriers que les jésuites eussent à cette

(1) Le P. Contancin était né à Issoudun en 1670, il passa 31 ans comme missionnaire à la Chine et mourut en mer quand il retournait à sa mission avec le titre de Supérieur général, 1733.

(2) Voy. La lettre du P. de Maille au tome 19 p. 404, des lettres édifiantes et curieuses édit. 1781, in-12.

(3) Il nous paraît probable qu'il passa ce temps à Canton, car nous trouvons indiquées dans la *Bibliothèque des écrivains de la Cie de Jésus*, trois lettres d'un P. Joseph Labbe missionnaire en Chine, qu'on donne comme appartenant à la province d'Autriche, et qui sont datées de Canton 1724, 1727 et 1730. Or ce P. Joseph Labbe ne peut être que celui dont nous traçons la biographie. Le P. Sommervogel partage pleinement notre opinion sur ce point. « Je suis parfaitement convaincu (nous écrivait-il le 18 avril 1874) que le P. Joseph Labbe de Bourges est le même que celui qu'on fait Autrichien. » D'après les indications données en Allemand, par les auteurs de la *Bibliothèque* etc., 1re édit. tome VI p. 264, il se trouve dans le recueil intitulé : Neue-Weltbott du P. Stocklein, deux lettres du P. Joseph Labbe écrites de Canton, l'une le 27 décembre 1727 ; l'autre le 18 décembre 1730, au P. Balthasar Miller de la Cie de Jésus.

Les auteurs de la *Bibliothèque* etc., signalent encore : Epistola data Cantone 19 feb. 1724. Excerpta servantur in misc. in

époque, en Chine, nous fait connaître l'origine de cette mission. Dans une lettre qu'il écrivait de Pékin au P. du Halde le 15 octobre 1734. (2) il lui disait :

« La Providence vient de nous ménager un asile dans des montagnes inaccessibles de la province de Hou-Qouang, où les missionnaires et un grand nombre de chrétiens seront à l'abri de la persécution présente. » Voici ce qui donna lieu à ce nouvel établissement.

Lorsque la persécution qui s'était élevée dans la province de Fo-Kien, comme nous l'avons dit plus haut, s'étendit par toute la Chine, et qu'on obligea les missionnaires à sortir des différentes provinces qu'ils habitaient pour se retirer à Canton, le R. P. Hervien supérieur général de la mission des jésuites en Chine, qui travaillait dans le Hou-Quang, fut contraint, lui aussi, de quitter cette province et d'aller à Canton rejoindre ses confrères.

Cependant, le P. Parennin fit savoir à son supérieur qu'il enverrait, de temps en temps, d'an-

Biblio. C. R. Vindobonœ ex recens, Schwandner. tome 1, p. 1117 misc. Sin. tom. III, n° 363. (Stoger).

(2) Voy. lettres édifiantes et curieuses, édit. 1781 in-12, tome 20. p. 295.

ciens chrétiens respectables par leur vertu et leur capacité, pour visiter ces chrétientés et examiner si les catéchistes qu'il avait laissés dans ce pays en le quittant, remplissaient exactement leurs devoirs.

En effet, le P. Parennin ayant fait faire une première visite, elle eut d'excellents résultats, ce fut une consolation pour les fidèles, et un aiguillon qui stimula le zèle des catéchistes; en sorte que les chefs des différentes chrétientés écrivirent au P. Parennin pour lui témoigner leur reconnaissance du secours qui leur était venu, si à propos, de la Capitale.

Quelque temps après, le chef de la chrétienté de Siang-Yang cherchant à se dérober aux recherches rigoureuses qui se faisaient par l'ordre des Mandarins, prit la résolution de se retirer dans des montagnes qui sont au nord de cette grande province. Il savait qu'il y avait là des terres restées sans culture depuis un siècle, et que les propriétaires, n'y habitant pas, s'en déferaient à bon compte. Ses démarches auprès d'eux, pour les déterminer à vendre, furent couronnées de succès, et moyennant la modique somme de soixante écus romains, (1) il acheta une petite vallée

(1) Environ 325 f.

qu'il fit défricher en partie, et dont il distribua les terres à de pauvres familles chrétiennes.

Cela fit naître au P. Parennin l'idée de former lui-même, dans ces montagnes, un petit établissement qui pût servir de retraite aux chrétiens de la province, et aux missionnaires qui y viendraient secrètement exercer leurs fonctions. Il chargea de cette commission un bachelier chrétien, homme habile et expérimenté dans les affaires, qui, au bout de trois mois à peine, lui apporta un contrat en bonne forme et scellé des sceaux du Mandarin du lieu.

On lui avait vendu une vallée formée par deux montagnes, qui aboutissait à celle que le chef des Chrétiens avait déjà achetée. Ces montagnes se nomment Mou-pan-chan, c'est-à-dire montagnes du plat de bois, parce qu'elles sont bordées d'arbrisseaux et que leur sommet forme un plateau.

Pour y arriver, on a d'abord à traverser des torrents qui ne peuvent souffrir ni ponts ni barques. Après avoir passé ces torrents, il faut gravir les montagnes qui sont fort escarpées et couvertes de broussailles depuis le pied jusqu'au sommet ; quand on y est parvenu, on trouve un pays fort étendu ; rempli de beaux arbres, et dont les terres sont si grasses, disait le P. Parennin, que de quatre ou cinq ans, il ne sera pas nécessaire d'y mettre du fumier.

Ces terres furent distribuées, des réglements furent dressés, et des chefs établis pour les faire observer.

Cependant, la persécution qui avait commencé dans le Fo-Kien s'étant, ainsi que nous l'avons dit plus haut, étendue aux autres provinces, on fit dans le Hou-Kang des recherches si rigoureuses que le P. Le Couteux qui travaillait dans ce pays depuis plusieurs années, fut obligé de se retirer à Canton pour attendre des temps meilleurs.

« Lorsque l'orage fut passé, il sollicita fortement les supérieurs de le renvoyer dans la province; mais ils lui trouvèrent la santé si affaiblie par l'âge et par les fatigues, qu'ils ne jugèrent pas à propos de se rendre à ses instances. Ils nommèrent le P. Labbe pour le remplacer, en lui permettant seulement de conduire son successeur dans la province, de l'installer dans les chrétientés et de revenir aussitôt à Canton pour s'y rétablir, s'il était possible. Ce père était mûr pour le ciel : deux jours après qu'il eût quitté le P.

Labbe, il tomba malade et eut la consolation de mourir au milieu de ses chers néophytes.

» Ainsi, le P. Labbe est le premier Européen qui ait pénétré dans ces affreuses montagnes que le R. P. Hervien appelait les Cévennes de la Chine, il en prit possession au mois d'octobre de l'année 1731. Il y retourna au mois d'août de l'année 1732, et le second mars de cette année (1).

» Je reçois de lui une lettre qu'il m'a envoyée par un exprès, où il me fait un détail bien consolant des bénédictions que Dieu répand sur ce nouvel établissement (2). Il avait divisé ses montagnes en huit différents quartiers qui ont chacun leur catéchiste. Dans la visite qu'il en a faite, il a eu la consolation d'administrer les sacrements à un grand nombre de chrétiens, et y a fait bâtir une maison pour le missionnaire, qui servira d'école pendant son absence. Dans les endroits où il n'y a que des chrétiens, on ne permet à aucun infidèle de s'établir; et s'il s'en trouve ailleurs, il espère avec la grâce du Seigneur de

---

(1) 1734, puisque la lettre du P. Parennin au P. du Halde est du 15 octobre de cette année.

(2) Le 21 mars (1732), il avait écrit à son frère, en réponse à celle qu'il venait de recevoir de lui, une lettre que nous allons rapporter et qui confirme ce que dit ici le P. Parennin sur les succès de son zèle dans le Hou-Kang.

les convertir à la foi; ainsi, toute cette contrée ne sera habitée que par les adorateurs du vrai Dieu : Il m'ajoute qu'en sortant de ces montagnes, il y a laissé six cents chrétiens, que ce nombre augmentera beaucoup dans la suite, et que pour cette raison, il a écrit au Révérend Père supérieur général, pour le prier de lui envoyer le Père Kao, jésuite Chinois. Ce père qui n'a guère que trente ans, a l'esprit excellent, et est encore plus estimable par sa piété, par sa prudence, et par sa modestie. Dieu veuille nous procurer parmi les Chinois plusieurs sujets semblables : je ne vois pas d'autre moyen de soutenir cette mission, tandis que l'Empereur régnant sera sur le trône. (1).

Ces deux Pères s'aideront réciproquement l'un l'autre ; le P. Labbe passera la plus grande partie de l'année dans ces montagnes, et le P. Kao visitera toutes les chrétientés de la province sans aucun risque. Je recommande cette mission chancelante à vos saints sacrifices, et suis avec bien du respect etc. » (2).

(1) En temps de persécution les missionnaires indigènes se dérobent bien plus aisément aux recherches, que les étrangers qui se trahissent toujours par quelque endroit.
(2) Lettre du P. Parennin au P. du Halde, datée de Pékin le 15 octobre 1734. (Lettres édif. et cur. édit de 1781 in-12 t. 20 p. 300 et suiv.

La tendre affection du P. Joseph pour son frère Philippe ne permettait point de supposer qu'il ne lui écrivît pas de temps en temps, pour le tenir au courant de ce qui concernait sa personne, mais, par malheur, de cette correspondance fraternelle, dont le P. Joseph lui-même atteste l'existence, comme on le verra tout à l'heure, il ne nous reste qu'une seule lettre écrite le 21 mars 1732 et dont nous reproduisons le texte, d'après l'original (1).

Mon très cher frère, votre lettre m'est venu trouver à plus de 300 lieues de Canton, dans le cœur de l'empire, où je suis pour y assister un bon nombre de chrétiens qui depuis plusieurs années manquaient de secours spirituels. Je vous suis extrêmement obligé de votre souvenir, croyez que je ne vous oublie pas, non plus que votre chère famille et nos autres parents et amis. Si dorénavant vous ne recevez pas aussi souvent de mes lettres que je le voudrais, attribuez-en la cause à la distance des lieux, n'y ayant pas dans

(1) Cette lettre qui se trouve parmi les papiers de famille de M. Georges de Champgrand est adressée : rue de Paradis, tandis qu'une autre de 1703, est adressée : rue Jacques-Cœur ; c'est qu'en effet, dans cet intervalle, c'est-à-dire le 25 juin 1712, Philippe avait acheté la maison de la rue de Paradis, habitée depuis par la famille Labbe de Champgrand.

ces pays-ci de postes réglées comme en France (1), il est assez difficile d'avoir des nouvelles de ceux qui sont dans les provinces intérieures. Vous m'invitez encore de revenir en France pour y passer le reste de mes jours ; outre que le retour est plus difficile que jamais, je vous renvoie aux raisons que je vous apportais dans ma précédente lettre, et sans refroidir notre amitié, elles doivent satisfaire votre piété. Il suffit maintenant de nous mettre dans les dispositions de nous revoir dans le ciel, par la pratique des vertus propres de chacun de notre état.

J'ai eu le bonheur en moins de huit mois que je suis arrivé ici de baptiser près de huit cents personnes. Si la persécution avait cessé, il y aurait bien plus d'idolâtres qui se convertiraient ; prions Dieu qu'il accorde la paix à cette église souffrante.

Je me recommande à vos prières et je suis dans les sentiments d'une parfaite amitié, mon très cher frère,

Votre très humble et obéissant serviteur,
Joseph LABBE S. J.

(1) On ne sera pas étonné qu'il n'y eût point de postes réglées dans le pays qu'habitait alors le P. Labbe, quand on songera qu'en France même, cet important service ne fut définitivement établi qu'au XVIIe siècle.

« Je remercie mes nièces (1) de la lettre qu'elle m'ont écrite, je n'ai rien en particulier, maintenant, à leur mander, je les prie de me recommander instamment à Notre Seigneur dans leurs ferventes prières.

Ce 21 mars 1752.

A Han-Kéou. Dans la province de (Houquouang. (2)

Nous regrettons vivement la perte des lettres que s'écrivaient les deux frères, nous aurions été surtout curieux d'assister en lisant leur correspondance, à la lutte entre l'amitié si tendre qui les unissait, et la foi chrétienne qui les animait l'un et l'autre quoiqu'à des degrés différents. Nous aurions vu les motifs que Philippe, homme du monde, apportait à son frère pour le déterminer à prendre dans le sein de sa patrie et près des siens, un repos auquel ses fatigues lui donnaient quelques droits, et de l'autre, les raisons que Joseph empruntait à la foi pour montrer à son frère qu'il serait honteux à un missionnaire de mourir autrement que les armes à la main et sur

---

(1) Deux de ses nièces, dont l'une nommée Perpétue, née en 1707, et l'autre appelée Marie, étaient religieuses au monastère des Ursulines de Bourges.

(2) Hou-Quang.

le champ d'honneur. Après avoir mis la main à la charrue, suivant la parole évangélique, pouvait-il regarder en arrière ? Sur le point de saisir la couronne, pouvait-il l'abandonner ?

Le P. Joseph avait mille fois raison contre son frère ; en dédaignant le repos qui lui était offert pour quelques jours sur la terre, il s'en assûrait un qui n'aurait pas de fin.

Pendant les cinq ou six années qui suivirent l'envoi de cette lettre, le P. Labbe continua ses travaux apostoliques, sans qu'il nous soit possible, faute de documents, de le suivre dans ses excursions à travers le pays.

Deux lettres, l'une du P. Loppin, l'autre du P. de Neuvialle, toutes les deux sans date, mais qui ne sont pas antérieures à 1737, puisque l'une parle de quatre missionnaires mis à mort au Tong-King, cette année là, et l'autre, de la canonisation de saint François Régis qui eut lieu le 16 juin de cette même année 1737, nous disent encore quelques mots du P. Labbe.

Le P. Loppin écrivant au P. Redominski confesseur de sa Majesté la reine de Pologne, Duchesse de Lorraine (1) lui mande qu'on vient de recevoir de la mission du Kiang-si, par le P.

(1) Lettres édifiantes Paris 1781 to. 22, p. 45 et suivantes.

Labbe qui se trouvait dans cette province, des nouvelles édifiantes dont il lui transmet le récit :

« Voici, dit-il, un autre trait plus récent (que le précédent) de la charité qui règne parmi nos Chrétiens : le P. Labbe qui est dans la province du Kiang-si, vient de nous l'écrire.

» Une maladie contagieuse faisait les plus grands ravages dans un village de cette province : il n'y eut que les Chrétiens qui n'en furent point attaqués. C'était alors le temps de la récolte, et les infidèles couraient risque de la voir périr. Les Chrétiens non seulement assistèrent les infidèles dans leurs maladies, mais, de plus ils recueillirent leurs grains, et les mirent en sureté ; et comme eux seuls ne pouvaient pas suffire à tant de travail, ils appelèrent d'autres Chrétiens qui vinrent de trois lieues pour les aider. Il est à présumer qu'une charité si désintéressée et si universelle touchera le cœur des idolâtres et en engagera plusieurs à embrasser une religion qui inspire des sentiments si beaux, et des actions si pleines de désintéressement et de générosité. »

Quoique le P. Loppin ne s'annonce pas comme citant textuellement la lettre du P. Labbe, il nous en donne au moins la substance, et nous ne devions pas négliger ce renseignement qui ne tourne pas moins à la gloire du missionnaire que des fidèles formés par ses soins.

Le P. de Neuvialle dans sa lettre au P. Brisson lui parlant de la mission fondée par le P. Labbe dans les montagnes du Hou-Quang et à laquelle il travaillait lui-même, depuis quelque temps. « Le P. Labbe, dit-il, qui a pénétré le premier dans ces montagnes, et qui en a été tiré pour être notre supérieur général, avait projeté d'y établir la congrégation du Saint-Sacrement, sur le modèle de celle de Péking qui est très florissante ; j'ai exécuté ce projet sur lequel il a plu au Seigneur de repandre ses plus abondantes bénédictions. » (1)

Cette lettre est précieuse, parce qu'elle nous apprend que le P. Labbe avait été assez apprécié de ses supérieurs pour qu'ils lui donnassent l'intendance générale sur toutes les missions confiées aux Jésuites dans l'empire Chinois. Cette nomination nous est confirmée par le Procureur des missions de la Chine résidant à Paris. Tous les ans, il envoyait à Philippe Labbe une quittance de la pension que celui-ci payait à son frère ; or dans la quittance datée du 3 septembre 1738, il

---

(1) Lettres édif. éd. 1781. to. 22, p. 463.

donne au P. Joseph le titre de *Supérieur général des missionnaires Jésuites en Chine.*

Nous n'avons aucuns renseignements sur les dernières années de la vie du P. Joseph, mais une quittance signée du P. Le Houx procureur des missions de la Chine, en date du 27 octobre 1746, parvint à Philippe Labbe accompagnée d'une lettre où nous trouvons l'indication précise du lieu de l'année et du jour de la mort du saint missionnaire.

Le P. Le Houx s'exprime ainsi :

« Je ne saurais croire que nos Pères de Bourges vous aient laissé ignorer, jusqu'ici, la perte qu'a faite la mission de la Chine, dans la personne de votre cher frère que la mort lui enleva l'année dernière à Macao le 12 juin. Il est mort, nous mande-t-on, comme il avait vécu, en vrai saint, et rien ne peut nous consoler de sa perte que l'assurance que nous avons en lui un nouvel intercesseur dans le ciel. Je ne doute pas, Monsieur, qu'il n'y soit également le vôtre, et c'est, dans votre douleur, le meilleur motif de consolation que je puisse vous apporter. »

Voilà, en peu de mots, la plus belle oraison funèbre qu'on pût faire du P. Joseph Labbe : « Il est mort, comme il avait vécu, en vrai saint. » Puissions nous vivre comme lui, pour mourir comme il est mort, en laissant après nous, l'assurance de notre éternelle béatitude.

Beati mortui qui in Domino moriuntur, amodo jam dicit Spiritus, ut requiescant à laboribus suis, opera enim illorum sequuntur illos. (Apoc. XIV, 13.

Moriatur anima mea morte justorum et fiant novissima mea horum similia. (Num. XXIII. 10).

FIN.

APPENDICE

VOYAGE DU P. JOSEPH LABBE

DE FRANCE AU CHILI

RACONTÉ PAR LUI-MÊME

1712

LETTRE DU P. JOSEPH LABBE (1)

Pax Christi

Mon Révérend Père

Je rends compte à votre Révérence du détail de notre voyage depuis France jusqu'à la ville de la Conception au Chily où nous avons mouillé le 26 (2) décembre 1711 après quatorze (3) mois de navigation.

Le vaisseau sur lequel je suis, nommé l'*Eclair*, commandé par M. de Boisloré, partit du Port Louis le 13 septembre 1710. A peine eûmes-nous fait trente lieues au large qu'un vent contraire

(1) Cette lettre dont l'original appartient à M. Georges de Champgrand, était, vraisemblablement, adressée par le P. Joseph au P. Louis Labbe son cousin.

(2) D'après ce que dit le P. Labbe vers la fin de sa lettre, il semblerait que ce fut le 21 ; mais il vaut mieux s'en rapporter à la date donnée ici.

(3) En ne comptant que quatorze mois, le P. Labbe supprime les stations forcées, car à dater du 13 septembre 1710 jour de l'embarquement, jusqu'au 26 décembre 1711 il y a quinze mois et treize jours.

forcé nous rejeta dans le Port non pas sans danger de périr. Deux jours après, le vent devint favorable ; on remit à la voile dans l'espérance d'arriver en peu de temps à Brest où nous devions nous joindre à l'escadre de M. de Chammelin ; mais sitôt que nous fûmes à la même hauteur un vent encore plus violent que le premier nous contraignit de rentrer pour la seconde fois. Enfin trois jours après nous sortîmes et nous arrivâmes heureusement le lendemain à Brest. L'escadre qui n'était pas encore prête nous fit attendre quinze jours. On mit à la voile le 12 octobre au nombre de 19 vaisseaux dont deux étaient du Roy, les autres corsaires et marchands armés en guerre et en marchandise. Les deux premiers jours nous eûmes un vent assez favorable ; le troisième le vent commença à devenir contraire, le 4e et le 5e, il augmenta tellement avec une grosse tempête que tous les navires en furent considérablement endommagés et contraints de rentrer dans Brest pour se raccommoder, n'en étant éloignés que de 50 lieues. Cet accident nous fit rester dans le Port près d'un mois.

Le 8 novembre nous ressortîmes avec quelques autres bâtiments qui se joignirent à l'escadre, nous étions 24 navires, nous perdîmes en peu de temps la terre de Veüe et nous continuâmes heureusement. Le 25, les vaisseaux se séparèrent pour faire chacun leur route ; le 29 on aperçut l'Isle-des-Sauvages peu éloignée de Madère ; le lendemain on passa entre Porto-S^{to} et Madère sans les pouvoir connaître.

Le 30 nous mouillâmes dans la rade de Ténérif pour y faire de l'eau et du bois ; nous trouvâmes toute l'Isle en allarme causée par une escadre Angloise de dix vaisseaux qui avait paru la veille et que nous n'avions point apperçue. Le capitaine général que j'allai saluer avec notre capitaine ne pouvoit presque se persuader que nous ne l'eussions point vue. Le soir comme je retournois à bord il y eut une seconde allarme ; on alluma partout sur les hauteurs de l'Isle des feux pour assembler les milices ; il ne parut cependant rien.

Cette Isle, selon ce que disent les Espagnols qui y habitent, a cinquante lieues de tour. Il y a une montagne qu'on appelle le Pic dont le sommet est au-dessus des plus hautes nües ; nous l'avons apperçu à quarante lieues au delà. Nous demeurames huit jours dans la rade de cette isle ; deux jours avant que de partir à onze heures du soir nous fûmes spectateurs d'un petit combat naval qui se donna à une lieue de nous entre un brigantin Anglois de six canons et une tartane Françoise qui n'avait qu'un canon et quatre pierriers. Il se battirent près de deux heures faisant un feu continuel après quoi la tartane s'approcha de nous et nous demanda du secours. On jeta trente hommes dans ce bâtiment et quinze hommes qu'on mit dans la chaloupe, ils joignirent bien vite le bâtiment Anglois qui se rendit après avoir (essuyé) le feu de la mousqueterie. Les Espagnols ne voulurent cependant pas permettre qu'on l'emmenat quoiqu'ils reconnussent qu'il étoit de bonne prise : ainsi à la prière du Consul François on le laissa.

Nous partimes de cette isle le 7 de décembre. Le 10 à midi après la hauteur prise nous nous trouvâmes directement sous le Tropique du Cancer aïant de hauteur vingt-trois degrés trente minutes. Le 11 on commença à voir des poissons volans qui sont très bons à manger ; ils ont quatre ailes, deux au-dessous de la tête et deux proche la queüe ; ils ne sortent de l'eau et ne se mettent à voler que quand ils sont poursuivis par les Dorades et les Bonnites ; plusieurs vinrent tomber dans les voiles, les autres se cassèrent la tête contre le corps du navire ; on en voïoit suspendus aux cordages, quelques uns nous tomboient dans les mains.

Le 15 on découvrit une des isles du Cap-Verd qui s'appelle Bonnevista. (1). La nuit du 15 au 16 vers les onze heures du soir j'apperçus le volcan de l'Isle de Feu, je le fis remarquer à quelques officiers qui en convinrent, d'autres le contestèrent. Pour ne pas s'exposer à échouer sur les roches qui sont autour de cette isle, on mit en panne pour attendre le jour, et sitôt qu'il parut on découvrit l'isle fort clairement devant nous n'en étant éloignés que de six à sept lieues ; nous passâmes assez proche de l'isle, et étant par son travers le calme nous prit le reste du jour. Nous eûmes le temps de considérer ce volcan qui sort d'une montagne fort élevée à l'Est de l'isle d'où on voit des tourbillons de flammes s'élancer extrêmement haut, et des étincelles faites en gerbes qui se perdent dans les nües. Ces isles sont habitées par les Portugais et en petit nombre; elles paroissent fort stériles et la terre brûler par la chaleur extrême du climat.

Le 20 décembre nous nous trouvâmes par les cinq dégrés de latitude où les calmes nous prirent ; nous y restâmes quatre jours consécutifs

(1) Buena vista.

aïant beaucoup à souffrir et de la chaleur excessive et de manque d'eau. Au reste le poisson fourmilloit autour du navire et nous ne vécûmes que de cela pendant tout ce temps là ; et ce qui est plus heureux aucun malade dans cent quarante hommes que nous étions dans le navire.

Le 10 de février 1711 nous passames la Ligne ; le 18 du même mois on reconnut la coste du Brésil que l'on commença à ranger. Le 21 nous mouïllames proche les isles Sainte-Anne ; elles sont au nombre de trois, et quelques brizans qui semblent en former une quatrième ; la terre ferme n'en est éloignée que de trois à quatre lieues ; elles sont toutes couvertes de bois jusqu'à l'eau. Il y a sur ces isles beaucoup de gros oiseaux qu'on nomme *fous* à cause que ces animaux se laissent prendre sans aucune peine. En peu de temps nous en primes deux douzaines ; ils approchent fort de nos canards excepté le bec qu'ils ont plus gros et arrondi, leur plumage est gris et on les écorche comme les lapins.

Le 22 nous doublames le Cap Friou (1) ; en le doublant nous apperçûmes un navire portugais ; on lui donna chasse tout le jour et la nuit ; le lendemain on s'en rendit maître ; il avoit quatorze

(1) Frio.

pièces de canon; sa cargaison étoit de vin et d'eau-de-vie. Après qu'on eût emmariné ce bâtiment nous le menâmes à l'Isle Grande où nous voulions faire de l'eau et du bois. Nous ne demeurâmes là que fort peu de jours sur les nouvelles que nous eûmes que les Portugais avoient dessein de nous surprendre; et ce qui nous confirmoit encore plus ces nouvelles, c'est que nous entendîmes la veille de partir cinquante ou soixante coups de fusils dans le bois auprès duquel nous étions moüillés.

Le 5 mars, nous doublâmes le Cap du Tropique, ainsi appelé parce qu'il est directement sous le tropique du Capricorne.

Le 14, nous découvrimes l'Isle de Gal, et, peu après, l'Isle de Ste-Catherine où nous moüillames le soir, pour y faire notre eau et notre bois.

Le 2 avril, jour de Jeudy Saint, nous eumes un fort gros tems qui nous prit à minuit et dura jusqu'au Samedy Saint, midy. Nous commençames alors à voir des Damiers ; c'est un oiseau que l'on nomme ainsi, parce qu'il a le dos et les ailes marquées de carreaux blancs et noirs ; on prend d'ordinaire cet oiseau avec le hameçon, comme le poisson. Tandis que nous fûmes en calme et après avoir passé la ligne, nous vimes beaucoup de requins. C'est un animal terrible ; on le voit d'ordinaire dans le calme, il vient autour des navires et dévore tout ce qu'on laisse tomber ; d'où vient qu'il est fort dangereux de se baigner dans ces endroits. Un requin coupe un homme en deux d'un coup de dent. Nous en primes plusieurs et fort gros qui pesoient plus de 200 livres ; on les prend avec un gros hameçon de 6 ou 7 livres pesant, auquel on attache un morceau de chair ; le requin, qui est fort vorace, avale la chair et le hameçon ; il faut quelques fois plus de 50 hommes pour l'élever et le mettre à bord ; encore, d'un coup de son gouvernail (c'est ainsi qu'on appelle sa queüe), il peut rompre les jambes et les cuisses à un homme ; son cœur est fort petit à proportion d'un si gros animal, mais il est d'une étrange vivacité. Je l'ai fait arracher à plusieurs, et, quoique séparé du corps et percé de plusieurs coups de couteau, il palpitait 3 et 4 heures de tems et avec une si grande force, que quelque violence que l'on fit en le pressant avec la main contre du bois, il repoussoit encore la main.

Le 10e du même mois, on reconnu par le changement de la couleur de l'eau que nous étions dans la rivière de la Platte, (1) où on avait dessein d'entrer pour vendre la prise à Buenozairez (2) On sonda ce jour là et on trouva quarante brasses (3) de fond et le lendemain on se trouva à quatre brasses ; ce qui fit juger que nous étions sur le banc des Anglois et en danger de nous perdre. Ce banc s'appelle ainsi à cause que plusieurs vaisseaux anglois y ont échoué et péri. Il fallut revenir plus à l'entrée de la rivière, pour se tirer de ce mauvais pas. Le soir, on reconnut l'Isle des Loups, qui est une terre stérile et toute couverte de pierres et de sable où les loups marins se retirent. Cet animal a la tête semblable au chien, deux pattes de devant et le reste fait en poisson.

Le 15e, on découvrit les montagnes de Maldanal et l'Isle de Flore. Le 16, on mouilla dans la baye de Montevidiot (4) qui est un cap de la terre ferme ; on ne jugea pas à propos d'aller plus avant sans avoir des pilotes du païs à cause que cette rivière est remplie de bancs où plusieurs vaisseaux se sont perdus. Le lendemain on fit

(1) La Plata.
(2) Buenos-Ayres.
(3) Les lignes de sonde dont on se sert pour mesurer la profondeur de l'eau sont divisées en brasses qui dans la marine française sont ordinairement d'un mètre 624c.
(4) Monte-Video.

partir le canot pour Buenozaires éloignée encore de quarante lieues afin de donner avis au Gouverneur de notre arrivée et de prendre des pilotes qui pûssent nous conduire jusqu'au port.

Je ne scaurois, mon R^d P. vous décrire ce païs délicieux qu'en vous rappellant l'aage d'or; la terre y est couverte d'une multitude innombrable de bestiaux; on y voit presque de tous côtés des plaines à perte de vüe, coupées et arrosées par des petites rivières et des ruisseaux qui y entretiennent une verdure perpétuelle où de grands troupeaux de bœufs et de vaches s'engraissent. Les cerfs et les autruches y sont en grande quantité; les perdrix et les faisans s'y prennent à la course et on les tue à coups de bâton; les canards, les poules d'eau et les cignes y sont très communs. C'est peut-être l'endroit du monde le plus commode pour se refraichir s'il n'y avait rien à craindre pour les vaisseaux, mais cette rivière est fort dangereuse; et le 26 nous pensâmes périr d'un coup de vent qui nous jeta sur une roche sous l'eau, mais dont on se tira heureusement.

Le 1er de mars nous mouïllâmes à trois lieues de Buenozaires; Ce n'est qu'un commencement de ville assez mal bâti, les maisons y sont de terre (1). Il y a une forteresse qui est peu de chose; nous avons un collège où on régente les humanités.

Vous attendez ici, mon R^d P. que je vous dise des nouvelles de la florissante mission du Paraguay où il semble que la piété chrétienne et l'innocence des mœurs chassées du reste du monde, se soient retirées (2). Voilà mon R^d P. ce que j'en ai appris par des missionnaires qui étoient sur le point d'y retourner.

Cette mission consiste en quarante cités ou villes habitées par des Indiens. Les Pères de la Compagnie en ont le gouvernement spirituel et temporel. Il y en a deux en chaque cité dont les plus considérables sont de quinze ou vingt mille

(1) Buenos-Ayres fondée en 1535 par D. Pedro de Mendoza s'appela d'abord *Ciudad de la Trinidad*, ruinée par les Indiens, elle fût rebâtie en 1580, et est aujourd'hui une ville de plus de cent vingt mille âmes. Son nom lui vient de la salubrité de son climat. (bon air.)

(2) Les missions du Paraguay fondées vers 1608 par les jésuites Espagnols formaient un petit État composé de trente-deux villes habitées par plus de quarante mille familles. Ces *réductions*, comme on les appelait, formèrent entre elles une sorte de république évangélique dont aucun gouvernement ancien ou moderne n'égala la perfection, elle dura un siècle et demi, c'est-à-dire jusqu'à l'expulsion des jésuites des possessions Espagnoles en 1767.

Le P. de Charlevoix a publié l'histoire du Paraguay en trois volumes in-4°. Paris 1756.

âmes qui élisent tous les ans leur chef et leur juge, ils distribuent des terres à chaque famille pour les cultiver et se nourrir des fruits qu'ils recueillent ; ces terres se nomment particulières ; ils en distribuent aussi d'autres que l'on nomme communes, aux mêmes familles, dont les fruits se mettent en commun dans des magasins établis pour cela. Leur emploi est pour l'entretien de l'église, pour les veuves et les orphelins, pour les pauvres et les vieillards. La simplicité et la candeur des mœurs de ces bons Indiens est admirable. Des Pères qui les ont gouvernés n'ont pas fait difficulté de m'assurer que de cent adultes qui meurent, il y en a moralement parlant quatre-vingt-dix qui se sauvent, et que dans toutes les confessions à peine y trouve-t-on matière d'absolution. On s'étonnera peut-être que ces Indiens se soient conservés dans une si grande innocence sous la domination espagnolle. A cela je réponds que les Pères ont bien prévu tous les inconvénients qui pouroient arriver du commerce que leurs Indiens auroient avec les Européans et qu'ils y ont sagement remédié. Ils n'ignoroient pas les plaintes que saint François Xavier avoit faites si souvent à la cour de Portugal des scandales et des mauvais exemples que les Portugais donnoient dans toutes les costes de l'Orient. Pour prévenir un mal auquel ce grand saint n'eut pas le temps de remédier, ils ont obtenu des Roys d'Espagne des défenses très expresses à aucun espagnol d'entrer dans les villes des Indiens si ce n'étoit que la nécessité du voïage ne les y obligeât et que dans ce cas même ils ne pourroient y demeurer que trois jours. C'est ce qui se pratique exactement quand un Espagnol faisant voïage entre dans une ville d'Indiens, on le conduit incontinent dans une maison destinée à cet usage où on lui fournit gratis tout ce qui lui est nécessaire, et les trois jours expirés on le conduit hors de la ville ; c'est assurément après la grâce de Dieu l'expédient le plus sûr qu'on ait trouvé pour les conserver.

L'addresse de ces Indiens est merveilleuse ; ils ne sont pas à la vérité inventifs et ne sauroient rien trouver d'eux-mêmes ; mais à cela près on ne peut rien voir de plus fidèle et de plus exact dans toutes les copies et les imitations des originaux qu'on leur donne. Il n'y a aucun de nos arts en Europe où ils ne s'exercent par la communication de plusieurs pièces en toutes sortes de genre que nos Pères leur ont donné : j'ai vu de fort beaux tableaux de leur façon, des livres imprimés fort correctement, d'autres écrits à la main avec une grande délicatesse; les orgues, la musique et toutes sortes d'instruments y sont fort communs; ils font des montres, lèvent des plans, gravent des cartes de géographie; enfin, il y a beaucoup d'industrie parmi eux. Tout cela cependant n'est que pour leur occupation; ils ne vendent jamais rien et ne connaissent même ni or ni argent.

La piété est encore bien mieux cultivée que les beaux-arts; leurs églises sont très-belles et ornées de tout ce que leur industrie peut fournir de plus accompli; car d'ordinaire ils ne travaillent que pour cette fin. Tous les matins les enfants à la pointe du jour viennent se rendre sous un portique devant l'église où ils chantent les prières ordinaires et la doctrine chrétienne; ils sont conduits par deux ou trois personnes constituées pour cela; on les introduit ensuite dans l'église où on dit la messe: quand c'est un jour de feste ou de dimanche, on chante tout en musique avec l'accord des instruments; on fait l'instruction exactement tous les jours; ensuite de cela un des Pères reste pour entendre les confessions et administrer les sacrements, l'autre sort de la ville et va faire des excursions dans la campagne pour attirer à notre Sainte-

Religion d'autres Indiens idolâtres : quand il en a converti quelqu'un, il l'amène dans la cité et lorsque la cité est assez remplie d'habitants on en établit une autre

Il n'est pas croïable où va le respect, la vénération et la tendresse qu'ont ces Indiens pour leurs bons pères. Un des Pères missionnaires me dit qu'un jour navigeant sur une rivière dans un bateau avec trente Indiens, marchant sur le bord il tomba à l'eau et fut emporté incontinent par le courant. Aussitôt tous les Indiens se jettèrent dans la rivière et les uns nageant entre deux eaux le portaient sur leur dos ; les autres le soutenoient par les bras, tous le menèrent ainsi jusqu'à bord ; on peut dire aussi qu'il y a bien du retour du côté de ces zélés missionnaires, et il n'est assurément point de bon père qui aime plus tendrement ses enfants qu'ils font eux leurs Indiens, car, outre les peines et les travaux qu'ils leur ont coûté pour les gagner à J.-C., et les instruire parfaitement, ils emploïent toute leur attention, et tous les moïens qu'une sainte industrie peut leur suggérer pour les soulager en tout, ils sont leur joie aussi bien que leur conronne ; on n'y voit point de missionnaires mourir dans sa maison ; c'est dans l'exercice même de la charité auprès des malades et dans les courses apostoliques. N'est-ce pas, mon R^d P., de cette heureuse contrée où le flambeau de la foy répand une lumière si vive et si éclatante que nous pouvons dire : *Populus qui sedebat in tenebris, vidit lucem magnam.* Et ne pouvons-nous pas espérer de voir les mêmes progrès dans le vaste empire de la Chine, lorsque le démon de la discorde banni, la paix et la charité en prenant la place, il n'y aura plus parmi les ouvriers évangéliques qu'un cœur et qu'une âme (1).

Voilà mon R^d P. ce que j'ai appris de cette mission ; je suis persuadé que votre piété et votre zèle se trouvera satisfait du fidèle récit que je vous en fais; j'achève de vous raconter la suite de notre traversée.

La saison se trouvant trop avancée pour pouvoir passer le cap du Horn nous nous trouvâmes dans la nécessité d'hiverner dans la rivière ; on vint se mettre près des isles de Saint-Gabriel, à une lieue de terre. Sitost que nous y eûmes mouillés il nous vint des Indiens pour nous fournir de viande ; ces Indiens vont à la chasse des

(1) Voyez ce que nous avons dit p. 36 et suivantes, sur la cause des divisions qui existaient entre les missionnaires de la Chine à l'époque où le P. Labbe écrivait cette lettre.

bœufs, les laxent avec un lac ou nœud coulant et les mènent ensuite où ils veulent. Avant que de partir il nous vint une autre caste d'Indiens qui étaient idolâtres, belliqueux et renommés dans toute l'Amérique méridionale, la coutume de ces Indiens est de tuer les femmes sitost qu'elles passent trente ans; ils en avaient emmené une avec eux qui n'avait que vingt-quatre ans ; un indien chrétien me dit qu'elle était déjà vieille, et qu'elle n'avait plus guères à vivre, que dans peu on devait l'assommer. Nos Pères en ont converti beaucoup de cette caste.

Le 25 septembre on mit à la voile pour sortir de la rivière, le lendemain on vint moüiller à Montevidiot (2), lorsque nous y passâmes au mois d'avril en montant la rivière, nous pensâmes y périr, mais nous courumes un danger bien plus grand, cette seconde fois que nous y moüillâmes, nous y eûmes un ouragan si terrible que l'on se crut infailliblement perdu pendant six heures ; cinq ancres que nous avions moüillés ne purent nous tenir et nous tombions sur la coste toute escarpée de pointes de roches où il n'étoit pas possible de se sauver. Je vis alors couler bien des larmes ; que de bons propos, que de ferventes

(2) Montévideo.

résolutions ne faisoit-on pas ! Pour soulager le navire, on fut sur le point de couper tous les mâts; mais avant cette exécution qui auroit entièrement perdu notre voïage, j'exhortai notre équipage à avoir recours à Dieu ; nous fîmes un vœu à sainte Rose patrone du Pérou, promettant au premier port du Pérou d'aller en habits de pénitens, nuds pieds à l'église et y faire chanter une messe de sainte Rose si Dieu nous tiroit de ce danger. Peu de tems après nous sentimes que Dieu avoit accepté notre promesse ; nos ancres qui jusqu'alors n'avoient fait que glisser sur le fond sans pouvoir mordre, vinrent à s'arrêter, et petit à petit, le vent diminua.

Le 30 nous partimes de Montevidiot et sortant d'un danger nous tombâmes dans un autre où notre navire devoit mille fois périr s'il y eut eu du vent. Nous vinmes ranger l'isle de Flore à la portée du canon, et étant par son travers nous échoüâmes sur une pointe de roche où le navire se fût immanquablement ouvert, si nous n'eussions pas été en calme. Nous nous en tirames cependant, sans aucun dommage. Le vent contraire qui survint ensuite, nous obligea de rester quelques jours proche de cette Isle. Nous allâmes sur cette isle où il n'y a que des loups et des lions marins ; le lion marin ne diffère du loup marin que par de longues soïes qui lui pendent du col ; nous en vîmes de monstrueux qui étaient aussi gros que des taureaux ; on en tua quelques uns pour tirer de l'huile. Le corps de ces animaux n'est qu'une masse de graisse dont on fait l'huile ; rien n'est plus aisé que de tuer ces animaux ; on n'a qu'à les frapper sur le bout du nez, et incontinent ils perdent tout leur sang par cette blessure ; il faut pour cela les surprendre endormis sur les rochers, ou avancés dans les terres ; car alors vous pouvez facilement leur couper le chemin, ne faisant que ramper ; si cependant on faisait un pas et qu'ils vinssent à vous gagner d'un coup de dent, ils vous ouvriroient en deux.

Le 1er de novembre nous passâmes le détroit le Maire en peu de tems, à cause des courans qui nous furent favorables ; le soir nous entrâmes dans la baye du *bon succès*, pour y faire de l'eau et du bois. Cette baye est de la Terre de feu vis à vis de l'extrémité de l'Isle des *Etats* qui forme avec la Terre de feu le canal ou détroit le Maire. Nous y restâmes cinq jours. La veille de partir il sortit du bois voisin un Indien auquel on fit signe d'approcher ; il approcha en effet mais

7

toujours en défense, tenant son arc prêt à tirer ; il vint enfin et on lui présenta du pain, du vin et de l'eau-de-vie ; mais sitost qu'il la mettoit dans sa bouche il la rejetoit. On lui fit faire le signe de la croix et on lui mit un chapelet au col. Comme l'on se rembarquoit dans le canot pour retourner à bord. il fit un cri comme une espèce d'hurlement qui avait cependant quelque chose de plaintif : il parut aussitôt une trentaine d'autres Indiens à la tête des quels était une bonne femme toute courbée de vieillesse ; ils s'approchèrent du rivage faisant de semblables cris et des signes pour nous engager de venir à eux, ce qu'on ne jugea pas à propos de faire. Ils étoient tous nuds excepté un morceau de peau de loup marin autour de la ceinture : leur visage était plein de rouge, de noir et de blanc, ils portaient au col un collier fait de coquillages et au poignet des bracelets de peau : ils ne se servent que de flèches, et au lieu de fer ils ont au bout une pierre à fusil taillée en fer de pique. Ces gens-là paroissent assez dociles, et je crois qu'il ne seroit pas difficile de les instruire.

Le 5, nous sortimes de ce port et les courans

qui y sont très violens nous firent passer et repasser cinq fois le détroit.

Le 15, nous doublâmes le cap de Horn par les cinquante-sept degrés quarante min. de latitude méridionale. Nous eûmes ensuite pendant trente jours des vents très violens et fort contraires : pendant tout ce tems il fallut nous abandonner à la merci des flots et des vents qui nous emportoient tantôt au sud, tantôt à l'oüest et qui ne nous firent pas faire vingt lieues en route, outre qu'il y faisoit fort grand froid. Ce qui nous fut consolant dans ce mauvais tems, c'est que pendant plus de quarante jours nous n'y eûmes aucune nuit faisant toujours fort clair.

Le 9 de décembre étant par les cinquante degrés nous découvrîmes un navire, on l'attendit. C'était le vaisseau nommé le *Prince des Asturies* de soixante-six pièces de canon armé à Brest et commandé par M. de Vaulcreaux de Saint-Malo. Ce bâtiment étoit réduit à une étrange extrémité manquant absolument de vivres ; on l'assista de tout ce que l'on pût. J'y trouvai un jésuite Espagnol qui revenait de Rome avec la qualité de Provincial de la province du Chily : il se nomme le P. Antoine Covarruvias ; il amenait avec lui un novice Espagnol ; je lui procurai tous les rafraichissements dont je fus capable.

Le 21 étant par les trente-sept dégrés quarante min. nous découvrîmes la terre, n'étant éloignés que de vingt lieues de la Conception : nous y entrâmes le soir ; il y avait trois navires François prêts à retourner en Europe ; les deux Couronnes, le Saint-Jean-Baptiste et le comte de Torigny. J'espère que nous ne demeurerons pas longtemps dans ce port. Le P. Babarier arrive deux jours après nous et nous continuerons le voïage ensemble. Ce Père est bien usé de la mer et plus encore des travaux apostoliques que son zèle lui a fait entreprendre dans le navire où il a passé : et il était honoré comme un saint, et aimé comme leur père commun.

Voilà, mon R^d P. déjà bien du temps que nous sommes sortis de France et nous ne pouvons espérer d'arriver à la Chine avant un an ; il semble que cette terre chérie fuit devant nous : nous ne vous demandons pas, mon R^d P. la continuation de votre protection ; votre zèle infatigable pour la gloire de Dieu et ce que vous avez fait pour cette mission, nous en répond assés. Je vous demande pour moi en particulier comme en aïant plus besoin qu'aucun autre, l'assistance de vos prières et le souvenir dans vos SS. sacrifices.

Je suis mon Révérend Père avec un profond respect

Votre très-humble et obéissant serviteur.

LABBE

de la Compagnie de Jésus.

De la Conception le 8 Janvier 1712.

FIN DE L'APPENDICE.

ERRATA.

P. 11, ligne 7, 28 mai lisez, 23.

Imprimerie MARGUERITH-DUPRÉ, rue des Vieilles Prisons, 18.

www.ingramcontent.com/pod-product-compliance
Lightning Source LLC
Chambersburg PA
CBHW070530100426
42743CB00010B/2019